대만 길[illegible]리책

대만의 정통 맛을 느껴보세요. 북적이는 야시장의 거부할 수 없는 100가지 요리법

유진 민

목차

소개

활기 넘치는 대만 길거리 음식의 세계에 오신 것을 환영합니다! 이 요리책에서는 대만의 분주한 야시장을 통해 요리 모험을 시작하도록 여러분을 초대합니다. 활기찬 분위기와 군침이 도는 즐거움으로 유명한 대만 길거리 음식은 여러분의 입맛을 대만 거리로 옮겨줄 감질나는 맛과 질감을 제공합니다. 이 요리책은 자신의 주방에서 대만 길거리 음식의 진정한 맛을 재현하는 방법을 안내합니다.

대만 길거리 음식은 섬의 풍부한 요리 유산과 다양한 문화적 영향을 그대로 반영한 것입니다. 맛있는 스낵과 향기로운 국수부터 달콤한 간식과 상쾌한 음료까지, 대만의 야시장은 미식의 즐거움을 선사하는 보물창고입니다. 이 요리책에서는 대만 길거리 음식의 본질을 기념하며, 그 생동감 넘치는 정신과 독특한 맛을 담은 요리법 모음을 여러분께 선보입니다.

이 페이지에서는 대만 야시장을 통한 요리 여행을 발견하실 수 있습니다. 쇠고기 국수 수프와 구아바오 같은 상징적인 요리부터 파 팬케이크, 프라이드 치킨 커틀릿과 같은 인기 스낵에 이르기까지 대만 길거리 음식의 폭과 깊이를 보여주는 컬렉션을 선별했습니다. 각 레시피에는 자세한 지침, 필수 재료, 요리의 문화적 중요성에 대한 통찰력이 함께 제공됩니다. 대만의 맛을 집으로 가져오는 맛있는 모험을 떠날 준비를 하세요.

하지만 이 요리책은 단순한 요리법 모음집 그 이상입니다. 대만 길거리 음식을 정의하는 독특한 재료, 향신료, 기술을 안내해 드립니다. 정통 재료를 어디서 조달하는지, 맛의 완벽한 균형을 이루는 방법, 야시장 잔치의 북적거리는 분위기를 재현하는 방법에 대한 팁을 공유하겠습니다. 대만 길거리 음식의 생생한 문화에 푹 빠져 여러분의 주방에서 그 맛을 생생하게 느낄 수 있도록 도와드리겠습니다.

따라서 좋아하는 야시장 간식을 맛보고 싶거나, 새로운 맛을 탐구하고 싶거나, 단순히 대만 야시장의 활기 넘치는 에너지를 갈망하고 있다면 야시장의 맛: 대만 길거리 음식 요리책이 여러분의 길잡이가 될 것 입니다 . 대만의 정통 맛을 맛보고 사람들을 하나로 모으는 사랑받는 길거리 음식 요리를 재현하는 즐거움을 경험해 보세요.

아침

1. 대만 산 건어물 래디쉬 오믈렛

재료:

- 큰 계란 4개
- 말린 무(절임 무) 1/2컵을 불려서 잘게 썬다
- 다진 파 2개
- 간장 1테이블스푼
- 설탕 1/2티스푼
- 튀김용 식물성 기름

지침:

a) 그릇에 달걀을 잘 섞일 때까지 치십시오.
b) 볼에 다진 무, 다진 파, 간장, 설탕을 넣고 섞어주세요. 모든 재료가 잘 섞이도록 잘 저어주세요.
c) 들러붙지 않는 프라이팬이나 프라이팬에 식물성 기름을 넣고 중간 불로 가열합니다.
d) 계란 혼합물을 팬에 붓고 고르게 펴 바릅니다.
e) 바닥이 황금빛 갈색이 되고 굳을 때까지 오믈렛을 약 2-3분 동안 요리합니다 .
f) 오믈렛을 조심스럽게 뒤집고 반대쪽도 완전히 익을 때까지 2~3분 더 조리합니다.
g) 팬에서 오믈렛을 꺼내 살짝 식힌 후 조각으로 자르세요.
h) 대만식 말린 무 오믈렛을 반찬으로 먹거나 밥과 함께 드세요 .

2. 봄 양파 팬케이크

재료:

- 다용도 밀가루 2컵
- 끓는 물 1컵
- 잘게 썬 파(파) 1/4컵
- 식물성 기름 2테이블스푼
- 소금 맛

지침:

a) 큰 믹싱볼에 밀가루를 넣고 끓는 물을 천천히 부어가며 숟가락이나 젓가락으로 저어줍니다.
b) 반죽이 뭉쳐지면 밀가루를 살짝 뿌린 표면 위에서 부드러워질 때까지 반죽하세요.
c) 반죽을 젖은 천으로 덮고 30분간 휴지시켜주세요.
d) 반죽을 4등분으로 나눕니다. 한 조각을 가져다가 얇은 원으로 굴립니다.
e) 표면에 식물성 기름을 바르고 다진 파를 뿌리고 소금으로 간을 합니다.
f) 반죽을 원통형으로 단단히 굴린 다음 나선형 모양으로 감습니다.
g) 뭉쳐진 반죽을 밀방망이로 펴서 팬케이크 모양을 만들어주세요.
h) 팬을 중간 불로 가열하고 약간의 오일을 첨가합니다. 황금빛 갈색이 되고 바삭해질 때까지 팬케이크의 양면을 요리합니다.
i) 남은 반죽으로 이 과정을 반복하세요.
j) 팬케이크를 웨지 모양으로 자르고 뜨겁게 서빙하세요.

3.철 계란

재료:

- 껍질을 벗긴 완숙 계란 6-8개
- 간장 1컵
- 물 1컵
- 진간장 1/4컵
- 설탕 2테이블스푼
- 중국 오향분말 2작은술
- 홍차잎 1티스푼(선택사항)
- 스타 아니스 2개(선택사항)

지침:

a) 냄비에 간장, 물, 진간장, 설탕, 중국 오향 가루, 홍차 잎(사용하는 경우), 스타 아니스(사용하는 경우)를 섞습니다. 혼합물을 끓여서 5분간 끓입니다.
b) 삶은 계란을 냄비에 넣고 소스에 완전히 잠기도록 하세요.
c) 냄비 뚜껑을 덮고 계란을 소스에 넣고 최소 1시간 또는 최대 하룻밤 동안 끓여서 더 깊은 맛을 내세요.
d) 소스에서 계란을 꺼내 식혀주세요.
e) 식힌 후 Tie Dan(철계란)은 인기 있는 대만 길거리 음식 스낵으로 즐길 수 있습니다.

4.굴 오믈렛

재료:

- 신선한 굴 8개
- 큰 계란 2개
- 다용도 밀가루 1/4컵
- 고구마 전분 또는 옥수수 전분 1/4컵
- 물 1/2컵
- 소금 1/2티스푼
- 백후추 1/4티스푼
- 식물성 기름 2테이블스푼
- 다진 신선한 고수 1/4컵
- 스위트칠리소스 2테이블스푼

지침:

a) 그릇에 계란, 밀가루, 고구마 전분 또는 옥수수 전분, 물, 소금, 백후추를 넣고 부드러워질 때까지 섞습니다.
b) 프라이팬에 식물성 기름을 넣고 중간 불로 가열합니다.
c) 팬에 반죽의 절반을 붓고 고르게 펴서 얇은 팬케이크를 만듭니다.
d) 팬케이크 위에 굴의 절반을 배열합니다.
e) 팬케이크의 가장자리가 황금빛 갈색으로 변할 때까지 약 1-2분 동안 조리하세요.
f) 팬케이크를 뒤집어 오믈렛이 완전히 익고 바삭해질 때까지 1-2분 더 조리하세요.
g) 팬에서 오믈렛을 꺼내 서빙 접시에 놓습니다.
h) 남은 반죽과 굴로 이 과정을 반복합니다.
i) 오믈렛에 다진 고수를 뿌리고 그 위에 스위트 칠리 소스를 뿌립니다.
j) 인기 있는 대만 길거리 음식 요리인 OA-Chian / O Ah Jian을 뜨겁게 즐겨보세요.

5.대만식 계란 크레페 (Dan Bing)

재료:

- 큰 계란 2개
- 다용도 밀가루 2테이블스푼
- 물 2테이블스푼
- 간장 1테이블스푼
- 식물성 기름 1테이블스푼
- 얇게 썬 쪽파 (선택사항)

지침:

a) 그릇에 계란, 밀가루, 물, 간장을 넣고 부드러워질 때까지 섞습니다.

b) 들러붙지 않는 프라이팬에 식물성 기름을 넣고 중간 불로 가열합니다.

c) 계란 혼합물의 일부를 프라이팬에 붓고 바닥이 고르게 코팅되도록 휘젓습니다.

d) 계란 크레이프가 굳고 한쪽 면이 살짝 황금색이 될 때까지 몇 분 동안 요리합니다. 뒤집어 반대쪽도 1분간 조리하세요.

e) 프라이팬에서 달걀 크레이프를 꺼내고 남은 달걀 혼합물로 이 과정을 반복하세요.

f) 익힌 계란 크레이프를 조각으로 잘라 반찬으로 제공하거나 "Dan Bing Jian Bing"이라는 인기 있는 대만 길거리 음식 스낵으로 플랫브레드에 싸서 드세요.

빵

6. 샤오롱바오

재료:

- 다용도 밀가루 2컵
- 따뜻한 물 1컵
- 다진 돼지고기 1/2 파운드
- 다진 죽순 1/4컵
- 다진 생강 1/4컵
- 간장 2테이블스푼
- 쌀식초 2큰술
- 참기름 1테이블스푼
- 설탕 1테이블스푼
- 소금과 후추 맛

지침:

a) 믹싱볼에 밀가루와 따뜻한 물을 섞어 반죽을 만듭니다. 부드러워질 때까지 반죽한 후 30분 동안 그대로 둡니다.
b) 별도의 그릇에 다진 돼지고기, 죽순, 생강, 간장, 참기름, 설탕, 소금, 후추를 넣고 섞습니다. 따로.
c) 반죽을 긴 통나무 모양으로 민 다음 작은 조각으로 자릅니다. 각 조각을 얇은 원으로 굴립니다.
d) 각 반죽 원의 중앙에 돼지고기 속을 작은 숟가락으로 넣습니다. 반죽의 가장자리를 충전물 주위로 조심스럽게 접어서 주름을 만들고 상단을 밀봉합니다.
e) 샤오롱바오를 대나무 찜통에 넣고 완전히 익을 때까지 10~12분 정도 쪄주세요.
f) 간장과 쌀식초로 만든 디핑소스를 곁들여 따뜻하게 드세요.

7.구아바 오

재료:

- 삼겹살 1 파운드
- 간장 1/4컵
- 호이신 소스 1/4컵
- 흑설탕 2테이블스푼
- 다진 마늘 2쪽
- 오향분말 1티스푼
- 참기름 1티스푼
- 신선한 고수 잎
- 으깬 땅콩
- 대만식 겨자잎 절임
- 찐빵

지침:

a) 그릇에 간장, 해선장, 흑설탕, 마늘, 오향가루, 참기름을 넣고 섞습니다.
b) 삼겹살을 소스 혼합물에 최소 2시간 또는 하룻밤 동안 재워둡니다.
c) 오븐을 325° F(165° C)로 예열하세요. 재운 삼겹살을 베이킹 시트에 놓고 겉이 부드럽고 바삭해질 때까지 약 2시간 동안 구워냅니다.
d) 삼겹살을 오븐에서 꺼내서 몇 분간 놓아두세요. 그런 다음 얇은 조각으로 자릅니다.
e) 부드럽고 따뜻해질 때까지 빵을 찌십시오.
f) 조립하려면 빵 안쪽에 호이신 소스를 바르고 삼겹살 조각, 고수잎, 으깬 땅콩, 겨자잎 피클을 넣습니다.
g) 따뜻하게 서빙하세요.

8.후 자오 빙

재료:

반죽의 경우:

- 다용도 밀가루 3컵
- 물 1컵
- 소금 1티스푼

충전용:

- 다진 돼지고기 1 파운드
- 간장 2테이블스푼
- 굴소스 2테이블스푼
- 진간장 1테이블스푼
- 설탕 1테이블스푼
- 식물성 기름 1테이블스푼
- 후추 2작은술
- 다진 마늘 2쪽
- 다진 파 2개

지침:

a) 믹싱볼에 밀가루, 물, 소금을 넣고 섞습니다. 매끄러운 반죽이 형성될 때까지 반죽하십시오.

b) 반죽을 덮고 30분간 휴지시켜주세요.

c) 다른 그릇에 다진 돼지고기, 간장, 굴소스, 진간장, 설탕, 후추, 다진 마늘, 다진 파를 넣고 섞습니다.

d) 팬에 식물성 기름을 넣고 중간 불로 가열합니다. 돼지고기 혼합물을 넣고 고기가 갈색이 되고 완전히 익을 때까지 요리합니다. 불을 끄고 식혀주세요.

e) 프라이팬이나 철판을 중간 불로 예열하세요.

f) 반죽을 작은 부분으로 나누고 각 부분을 얇은 원으로 굴립니다.

g) 익힌 돼지고기 충전재의 일부를 반죽 원의 중앙에 숟가락으로 얹습니다.

h) 반죽 원의 가장자리를 충전재 위로 접어서 빵 모양으로 밀봉합니다. 남은 반죽과 채우기로 반복하십시오.

i) 예열된 프라이팬이나 철판 위에 빵을 놓고 반죽이 황금빛 갈색이 될 때까지 양쪽을 몇 분간 굽습니다.

j) 후자오빙(Hu Jiao Bing)을 맛있고 맛있는 길거리 음식 스낵으로 제공하세요.

9.만터우

재료:

- 다용도 밀가루 2 1/2컵
- 설탕 1테이블스푼
- 인스턴트 이스트 1티스푼
- 소금 1/2티스푼
- 따뜻한 물 1컵
- 식물성 기름(브러싱용)

지침:

a) 믹싱볼에 밀가루, 설탕, 이스트, 소금을 섞습니다. 부드러운 반죽이 형성될 때까지 저어주면서 점차적으로 따뜻한 물을 추가합니다.

b) 반죽을 밀가루를 뿌린 표면에서 부드럽고 탄력있게 될 때까지 약 5-7분 동안 반죽하십시오. 반죽을 틀에 담고 젖은 천으로 덮어서 따뜻한 곳에서 1~2시간 정도 2배 정도 부풀도록 1차 발효해주세요.

c) 반죽을 쳐서 작은 부분으로 나눕니다.

d) 각 부분을 원형 또는 타원형 롤빵 모양으로 만듭니다.

e) 양피지나 양배추 잎을 깐 찜통에 빵을 놓고, 빵 사이에 팽창을 위한 충분한 공간을 남겨두세요.

f) 찜기 바구니를 젖은 천으로 덮고 빵이 30분 더 부풀도록 놔두세요.

g) 빵이 완전히 익고 부드러워질 때까지 약 15-20분 동안 센 불로 쪄주세요.

h) 찜통에서 찐 빵을 꺼내어 식물성 기름을 살짝 발라 윤기나게 마무리해주세요.

i) (Mantou) 는 대만 요리의 다용도 주요 요리로 제공됩니다 . 그냥 먹어도 되고, 다양한 속을 채워서 먹어도 됩니다.

10.두 샤바오

재료:

빵 반죽의 경우:

- 다용도 밀가루 3컵
- 설탕 1/4컵
- 인스턴트 이스트 2티스푼
- 소금 1/2티스푼
- 따뜻한 물 1컵

팥소 충전용:

- 익힌 팥(아즈키 콩) 1 1/2컵
- 설탕 1/2컵
- 식물성 기름 2테이블스푼

지침:

a) 믹싱볼에 밀가루, 설탕, 이스트, 소금을 섞습니다. 부드러운 반죽이 형성될 때까지 저어주면서 점차적으로 따뜻한 물을 추가합니다.

b) 반죽을 밀가루를 뿌린 표면에서 부드럽고 탄력있게 될 때까지 약 5-7분 동안 반죽하십시오. 반죽을 틀에 담고 젖은 천으로 덮어서 따뜻한 곳에서 1~2시간 정도 2배 정도 부풀도록 1차 발효해주세요.

c) 냄비에 익힌 팥, 설탕, 식물성 기름을 넣고 섞습니다. 혼합물이 걸쭉해질 때까지 계속 저으면서 약한 불로 요리합니다. 불을 끄고 식혀주세요.

d) 반죽을 쳐서 작은 부분으로 나눕니다. 각 부분을 원형 또는 타원형 모양으로 만듭니다.

e) 손바닥으로 반죽을 납작하게 펴고, 가운데에 팥소를 한 숟갈씩 넣어주세요.

f) 반죽의 가장자리를 모아서 꼬집어서 속을 밀봉하세요.

g) 채워진 빵을 양피지를 깐 베이킹 시트에 놓고 빵 사이에 팽창을 위해 약간의 공간을 남겨 둡니다.

h) 빵을 젖은 천으로 덮고 30분간 더 발효시킵니다.

i) 오븐을 350° F(175° C)로 예열하세요.

j) 빵이 황금빛 갈색이 될 때까지 예열된 오븐에서 약 15~20분 동안 굽습니다.

k) 팥빵을 오븐에서 꺼내서 살짝 식힌 후 서빙하세요.

11.태양 케이크

재료:

반죽의 경우:

- 다용도 밀가루 3컵
- 가루 설탕 1/2 컵
- 소금 1/2티스푼
- 부드러워진 무염 버터 1/2컵
- 야채 쇼트닝 1/2컵
- 우유 1/4컵

충전용:

- 맥아당 또는 꿀 1 1/2 컵
- 구운 후 갈아서 참깨 1/4컵

지침:

a) 믹싱볼에 밀가루, 슈가파우더, 소금을 섞습니다. 부드러워진 버터와 야채 쇼트닝을 첨가합니다. 혼합물이 거친 부스러기와 비슷해질 때까지 손으로 섞습니다.
b) 반죽이 뭉쳐질 때까지 반죽하면서 점차적으로 우유를 첨가합니다. 반죽을 비닐에 싸서 냉장고에 30분간 휴지시켜주세요.
c) 오븐을 375° F(190° C)로 예열하세요.
d) 냄비에 맥아당이나 꿀을 넣고 액체가 될 때까지 가열합니다.
e) 반죽을 작은 부분으로 나누고 각 부분을 디스크 모양으로 펴십시오.
f) 반죽의 각 디스크 중앙에 액상 맥아당이나 꿀 한 덩어리를 숟가락으로 얹습니다.
g) 반죽의 가장자리를 모아서 꼬집어서 속을 밀봉하세요.
h) 채워진 각 반죽 부분을 공 모양으로 굴려서 양피지가 깔린 베이킹 시트에 놓습니다.
i) 각 공을 가볍게 눌러 약간 평평하게 만듭니다.
j) 납작하게 만든 공에 구운 참깨를 뿌립니다.
k) 태양 케이크를 예열된 오븐에서 15~20분 정도 황금빛 갈색이 될 때까지 굽습니다.
l) 케이크를 오븐에서 꺼내어 식힌 후 서빙하세요.

12. 파인애플 아이스크림빵 (파인애플바오)

재료:

파인애플 필링의 경우:

- 잘게 썬 파인애플 2컵
- 설탕 1/4컵
- 옥수수 전분 1테이블스푼
- 레몬즙 1테이블스푼

아이스크림 빵의 경우:

- 작은 찐빵 8개(바오)
- 바닐라 아이스크림

지침:

a) 냄비에 잘게 썬 파인애플, 설탕, 옥수수 전분, 레몬즙을 섞습니다. 파인애플이 부드러워지고 혼합물이 걸쭉해질 때까지 중간 불로 요리합니다. 불을 끄고 식혀주세요.

b) 찐빵을 가로로 자르되 완전히 자르지는 말고 속을 채울 주머니를 만듭니다.

c) 각 롤빵에 충분한 양의 파인애플 필링을 숟가락으로 담습니다.

d) 파인애플 필링 위에 바닐라 아이스크림 한 스쿱을 올려주세요.

e) 롤빵을 닫고 가볍게 눌러 속을 고정하세요.

f) 파인애플 아이스크림 빵을 즉시 제공하고 즐기세요!

보바티

13.홈 메이드 흑설탕 버블티

재료:

- 블랙 타피오카 펄(보바) 1/2컵
- 흑설탕 1/2컵
- 물 1/2컵
- 끓여서 식힌 홍차 2컵
- 우유 1컵(유제품 또는 비유제품)
- 얼음 조각

지침:

a) 포장 방향에 따라 타피오카 펄을 요리하세요.
b) 작은 냄비에 흑설탕과 물을 섞습니다. 설탕이 녹고 혼합물이 약간 걸쭉해질 때까지 중간 불로 가열하여 시럽을 만듭니다. 식히기 위해 따로 보관하십시오.
c) 유리잔에 우려낸 홍차, 우유, 원하는 양의 흑설탕 시럽(취향에 따라 조절)을 넣고 섞습니다. 잘 섞이도록 저어주세요.
d) 유리잔에 얼음 한 줌을 추가합니다.
e) 삶은 타피오카 펄의 물기를 빼고 잔에 넣습니다.
f) 모든 것이 잘 섞이도록 부드럽게 저어주세요.
g) 큰 빨대를 꽂고 홈메이드 흑설탕 버블티를 즐겨보세요!

14. 딸기 보바티

재료:

딸기보바차

- 녹차티백 2개
- 물 ⅔컵
- 우유 ⅓컵
- 딸기 시럽 ¼컵
- 얼음 1컵

타피오카 볼

- 물 2컵
- 타피오카 볼 ¼컵

지침:

차 만들기

a) 물 ⅔컵을 끓인다.

b) 온도가 설정된 전기 주전자를 사용하는 경우 물을 175° F로 설정하세요. 가능하면 정수된 물을 사용하십시오.

c) 뜨거운 물에 티백을 3분간 우려냅니다.

d) 차 봉지를 버리고 차를 식히십시오.

타피오카 볼 요리하기

e) 물 2컵을 끓이고 타피오카볼을 넣어줍니다.

f) 냄비에 물을 넣고 쿡탑 위에 올려 끓인 후 타피오카 볼을 넣습니다. 8-10분 동안 중간 불로 끓입니다. 가끔 저어주세요. 타피오카 볼은 속까지 부드러워야 합니다.

g) 타피오카 볼을 배출하십시오.

음료 조립

h) 컵에 타피오카 볼을 넣고 딸기시럽을 넣어주세요. 얼음, 녹차, 우유를 넣어주세요.

i) 마실 때는 아주 넓은 빨대를 사용하세요. 즉시 제공하고 마시기 전에 저어주십시오.

15.망고보바티

재료:

- 녹차티백 1개
- 망고 과즙 ¼컵
- 우유 ½컵
- 빠르게 익히는 블랙 타피오카 펄 ⅛컵
- 굵은 설탕 2큰술
- 물 2큰술
- 얼음 한 줌

지침:

a) 녹차 만들기: 녹차 티백을 끓는 물 3/4컵에 5~10분 동안 담가두세요. 티백을 제거하고 차를 실온으로 식히세요. 그런 다음 차를 냉장고에 넣고 적어도 한 시간 동안 식혀주세요.

b) 간단한 시럽 만들기: 작은 냄비에 굵은 설탕 2테이블스푼과 물 2테이블스푼을 넣고 중간 불로 가열합니다. 설탕이 완전히 녹을 때까지 가끔 저어줍니다. 용해되면 불에서 팬을 제거하고 시럽을 실온으로 식힙니다.

c) 보바 만들기: 작은 냄비에 물을 넣고 센 불로 끓입니다. 끓으면 블랙 타피오카 펄을 넣어주세요. 처음에는 가라앉다가 15~20초 후에 떠오르고 떠야 합니다. 불을 약간 줄여서 끓인 상태를 유지하고 5~10분 동안 계속 끓입니다. 불에서 냄비를 꺼내 보바를 걸러냅니다. 보바가 실온에 도달할 때까지 약 1분 동안 찬물에 담가두세요. 즉시 보바를 1~2티스푼의 단순 시럽 혼합물에 넣고 저어줍니다. 이것은 보바를 코팅하기에 충분할 것입니다.

d) 보바차 섞기: 식힌 녹차, 망고 주스, 우유를 함께 섞습니다. 익힌 보바와 슈가시럽, 얼음 한 줌을 넣어주세요. 즐기다!

16. 리치 보바 티

재료:

흑설탕 보바 진주 시럽

- 타피오카 펄 ½컵
- 마스코바도 설탕 또는 흑설탕 ¼컵
- 찬물 50ml

리치 보바

- 녹차 ½컵
- 리치 파우더 2~3큰술
- 우유 1½컵

지침:

흑설탕 보바 진주 시럽

a) 포장에 맞춰 타피오카 펄을 준비하세요.

b) 냄비에 마스코바도 설탕과 물 40ml를 넣고 끓입니다. 불을 약불로 줄이고 준비한 타피오카 펄을 넣어주세요. 흑설탕 시럽이 걸쭉해질 때까지 끓입니다. 익힌 타피오카 펄을 시럽에 넣고 끓이면 더욱 풍미가 좋아집니다.

c) 걸쭉해지면 불을 끄세요.

리치 보바

d) 녹차를 우려서 따로 보관해 두세요.

e) 믹서기에 리치 파우더와 우유를 섞습니다.

f) 완전히 결합될 때까지 혼합합니다.

g) 컵에 진주와 함께 흑설탕 시럽의 절반을 추가합니다. 얼음 조각을 추가합니다.

h) 컵에 섞은 리치 파우더와 우유를 넣습니다. 녹차로 마무리하세요.

i) 모든 것이 합쳐질 때까지 섞으세요.

17.단물 보바티

재료:

- 녹차티백 4개
- 뜨거운 물 2컵 끓이기
- 우유 ½컵
- ½ 허니듀 멜론, 씨를 제거하고 큰 입방체로 자릅니다.
- 과립 설탕 ¼컵
- 준비된 보바 펄 2인분

지침:

a) 끓는 뜨거운 물 2컵에 녹차 티백 4개를 4분 동안 우려낸 후 티백을 꺼내고 과립 설탕 ¼컵을 넣고 저어 차를 실온으로 식힙니다.

b) 단물 조각을 블렌더에 넣고 식힌 차와 우유 ½컵을 넣고 1분 동안 또는 단물이 섞일 때까지 잘 섞습니다.

c) 너트 밀크 백에 혼합물을 붓고 모든 액체를 짜냅니다. 미세한 메쉬 스트레이너를 통해 걸러내고 실리콘 주걱을 사용하여 과육을 눌러 최대한 많은 액체를 제거할 수도 있습니다. 펄프를 폐기하십시오.

d) 2개의 서빙 글라스에 보바 펄을 넣고 얼음을 넣은 후 단물 보바 티를 부어주세요. 즐기다!

18.블루베리 보바티

재료:

- 녹차티백 1개
- 블루베리 슈가시럽 5큰술 + 1큰술
- 빠르게 익히는 블랙 타피오카 펄 ¼컵
- 우유 1컵
- 얼음 한줌

지침:

a) 녹차 만들기: 끓인 물 1컵을 녹차티백 위에 붓습니다. 5~10분 동안 차를 우려내세요. 티백을 제거하고 차를 실온으로 식히세요. 그런 다음 냉장고에 넣어 차게 식혀주세요.

b) 보바 만들기: 스토브에 작은 냄비에 물을 넣고 끓입니다. 보바를 추가하세요. 처음에는 가라앉지만 10~20초 후에 뜨게 됩니다. 약한 끓임을 유지하려면 불을 약간 줄이십시오. 5~10분간 계속 끓입니다. 불을 끄고 냄비를 꺼내 보바를 걸러낸 다음 찬물에 1분간 담가둡니다.

c) 시럽에 보바 추가: 블루베리 심플시럽 1테이블스푼에 보바를 추가합니다. 이것은 코팅을 하고 서로 달라붙는 것을 방지할 만큼의 시럽이어야 합니다.

d) 보바차 만들기: 식힌 녹차, 우유, 나머지 블루베리 슈가시럽 5큰술을 함께 넣습니다. 잘 섞일 때까지 저어줍니다. 보바와 얼음 한 줌을 추가합니다. 저어주고 즐기세요!

19. 오렌지 블라썸 허니 보바티

재료:

- 물 5컵 + 물 ½컵
- 인스턴트 타피오키 펄 ½컵
- 오렌지 블라썸 꿀 2테이블스푼
- 아몬드 우유 ½컵
- 카모마일 차 2봉지

지침:

a) 물 ½컵을 전자레인지에 1분 동안 돌리세요.
b) 뜨거운 물에 티백을 3분간 우려냅니다.
c) 차를 식히세요.
d) 물 5컵을 끓입니다.
e) 끓으면 타피오카 펄을 넣어주세요.
f) 진주가 떠오르면 중간 불로 3분간 끓인다.
g) 뚜껑을 덮고 약한 불로 2~3분 동안 끓입니다.
h) 완성된 진주를 찬물에 30초간 담가둔 후 꺼내어 마른 그릇에 담습니다.
i) 진주에 꿀을 입혀보세요.
j) 컵에 진주를 붓고 컵이 반쯤 찰 때까지 차를 추가합니다.
k) 아몬드 우유를 추가하여 컵의 나머지 부분을 채웁니다.
l) 즉시 즐기십시오.

20. 원터멜론 보바티

재료:

윈터멜론 시럽

- 껍질을 벗겨 큐브로 만든 윈터멜론 5컵
- 흑설탕 ⅔컵
- 1.8 온스의 암석 설탕

티 베이스

- 자스민 녹차 9티스푼, 루스 리프
- 여과된 물 6컵
- 전유 1½컵
- 얼음 조각

타피오카 진주

- 흑설탕 보바 펄 1 ½컵
- 물 9컵

지침:

윈터멜론 시럽

a) 신선한 겨울멜론을 껍질을 벗기고 작은 입방체로 자릅니다. 큰 그릇에 담고 그 위에 흑설탕을 뿌려주세요. 잘 섞어서 섞은 후 1 시간 동안 그대로 놓아두세요. 1 시간이 지나면 윈터멜론에서 많은 즙이 나옵니다.

b) 혼합물을 냄비에 옮깁니다. 액체가 끓기 시작할 때까지 중간 불로 요리하세요.

c) 흑설탕을 섞은 후 불을 약하게 줄여 1시간 동안 끓입니다. 과일이 타는 것을 방지하기 위해 5~10분마다 섞으세요.

d) 1시간이 지나면 과일은 반투명해 보이고 주스는 시럽처럼 걸쭉해집니다.

e) 과육을 제거하고 액상시럽만 남기기 위해 큰 체를 사용합니다.

f) 시럽을 실온으로 완전히 식히세요.

티 베이스

g) 주전자에 정수된 물을 175° F로 끓입니다.

h) 메쉬 인퓨저가 장착된 찻주전자에 자스민 녹차 잎을 넣습니다.

i) 찻잎 위에 뜨거운 물을 붓고 뚜껑을 덮고 3분간 우려냅니다. 차를 쓴맛으로 만들 수 있으므로 이보다 오랫동안 담그지 마십시오.

j) 찻잎을 제거하고 버립니다. 실온으로 식힌 후 냉장고에 30분~1시간 동안 보관하세요.

타피오카 진주

k) 포장에 적힌 대로 흑설탕 보바펄을 삶아주세요. 다 익으면 얼음물에 옮깁니다. 최고의 쫄깃한 식감을 위해 몇 분 안에 사용하세요.

집회

l) 큰 유리잔에 윈터멜론 시럽 2-3테이블스푼을 넣으세요. 개인 취향에 따라 양을 조절하세요.

m) 시럽 위에 차가운 차를 부은 다음 모든 것을 섞어 윈터멜론 시럽을 녹입니다.

n) 삶은 보바 2~3큰술을 추가합니다.

o) 차가운 우유를 얹고 얼음을 올려 마무리합니다. 즉시 즐기세요!

21. 멜론 앤 바질 보바 티

재료:

- 최고급 설탕 5티스푼
- 타피오카 2온스
- 신선한 멜론 1파운드
- 신선한 바질 잎 8~10개
- 양조 홍차 8온스
- 우유 4 온스 또는 취향에 따라
- 작은 얼음 조각 몇 개

지침:

a) 16 온스의 물과 1 티스푼의 설탕을 끓입니다.

b) 타피오카를 추가하고 20분간 또는 부드러워질 때까지 조리합니다.

c) 멜론과 바질 잎을 퓨레로 만듭니다.

d) 멜론-바질 퓌레, 남은 설탕, 차, 우유를 셰이커에 넣고 섞습니다.

e) 얼음 조각을 넣고 흔들어주세요.

f) 익힌 타피오카와 함께 드세요.

22.복숭아 보바차

재료:

복숭아 시럽의 경우:

- 복숭아 2개; 껍질을 벗기고, 움푹 패이고, 잘게 썬 것
- A등급 메이플 시럽 ⅓컵
- 물 ¼컵
- 바닐라 추출물 ½티스푼
- 생강 가루 ¼티스푼
- 소금 한 꼬집

보바의 경우:

- 타피오카 펄 1컵
- 홍차 티백 2개
- 입맛에 맞게 비유제품 우유 2컵

지침:

a) 복숭아 시럽 만들기: 작은 냄비에 메이플 시럽, 물, 바닐라, 생강, 소금을 넣고 중간 불로 끓인 후 섞은 다음 복숭아를 넣습니다.

b) 15분 동안 또는 복숭아가 부드러워질 때까지 가끔씩 저어주며 끓입니다. 혼합물이 너무 건조해지면 물을 1 테이블스푼씩 더 추가하세요. 불을 끄고 복숭아 혼합물을 그릇 위에 놓인 미세한 체에 붓습니다.

c) 주걱을 사용하여 "시럽"이 약 ½컵이 될 때까지 체를 통해 복숭아를 으깨십시오. 복숭아의 과육/섬유질을 버리거나 다른 용도로 사용하세요.

d) 차 농축물 끓이기: 스토브, 전자레인지 또는 전기 주전자를 사용하여 물 1컵을 200F로 가열합니다. 머그잔에 티백을 넣고 그 위에 물을 붓고 5분간 우려냅니다.

e) 티백을 제거한 다음 보바를 요리하는 동안 차를 냉장고에 넣어 식혀주세요.

f) 보바 요리하기: 그동안 큰 냄비에 물을 넣고 끓인 다음 타피오카 펄을 넣습니다. 진주가 표면으로 떠오르고 쫄깃해질 때까지 약 5~7분간 끓입니다.

g) 찬물로 배수하고 헹구십시오. 보바가 서로 달라붙기 시작하므로 필요한 만큼만 요리하고 즉시 사용하십시오.

h) 조립: 보바를 4컵으로 나눈 다음 각 컵에 양조 차 ¼컵과 복숭아 시럽 2~3테이블스푼을 얹습니다. 잘 섞다. 차를 얼마나 우유처럼 좋아하는지에 따라 비유제품 우유 ¼-½ 컵을 보바 위에 붓습니다. 잘 저어주고 입맛에 맞게 맛을 조절하세요.

i) 서빙 및 보관: 즉시 보바를 즐겨보세요! 여분의 복숭아 시럽이나 차 농축액은 밀폐용기에 담아 냉장고에 최대 7일 동안 보관할 수 있습니다.

23.우베 & 코코넛 보바티

재료:

우베베이스

- 냉동 우베 226g, 해동 ½ 패킷, 냉동 우베
- 코코넛 밀크 1컵
- 설탕 (½ 컵
- 바닐라 추출물 1큰술
- 우베 추출물 1큰술
- 우유 또는 연유 ½ - 1컵

우베보바차

- 즉석 조리 가능한 타피오카 펄 또는 집에서 만든 타피오카 펄 ½컵
- 우베 베이스 ½컵
- 차가운 우유 2컵
- 얼음 몇 개
- 꿀

지침:

우베 베이스

a) 우베 엑기스와 연유를 제외한 모든 재료를 냄비에 넣습니다.
b) 자주 저으면서 혼합물을 요리하고 끓입니다.
c) 요리하는 동안 혼합물이 걸쭉해질 때까지 계속해서 더 자주 저어줍니다.
d) 이때 우베 추출물을 넣고 저어주세요.
e) 혼합물을 두껍지만 부을 수 있는 농도로 만들기 위해 연유 약 ½컵을 추가합니다.
f) 필요한 경우 더 추가하세요. 1~2분 동안 가열합니다.
g) 우베 베이스를 병에 넣고 냉장고에 최대 4~5일 동안 보관하세요.

우베보바차

h) 먼저, 포장에 적힌 설명에 따라 타피오카 펄을 삶아주세요. 익힌 보바펄을 음료가 준비될 때까지 찬물에 담가두세요. 또는 물기를 뺀 타피오카 펄에 꿀을 섞어서 서로 달라붙지 않도록 해주세요.

i) 우베 베이스를 얼음, 우유와 함께 믹서기에 넣습니다. 혼합물이 부드러워지고 베이스가 잘 섞일 때까지 사용하세요.

j) 음료를 더 달콤하게 마시고 싶다면 꿀을 첨가하세요.

k) 타피오카 펄을 두 잔에 나누어 담습니다.

l) 우베 우유를 두 잔에 붓고 보바 빨대와 함께 제공합니다.

24.아보카도 보바

재료:

- 익히지 않은 타피오카 펄 125g
- 흑설탕 30g
- 아보카도 큰 것 1개
- 우유 400g
- 연유 30g
- 얼음 200g

지침:

a) 중간 냄비에 물 6컵을 넣고 끓입니다. 끓으면 타피오카 펄을 부어주세요. 냄비 바닥에 눌어붙지 않도록 바로 저어주세요.
b) 가끔 저어주면서 뚜껑을 덮지 않고 15분간 끓입니다. 불을 끄고 뚜껑을 덮고 15분간 더 놓아둡니다.
c) 물을 버리고 익은 타피오카 펄을 작은 그릇에 담습니다. 진주가 아직 따뜻할 때 흑설탕을 넣고 저어 설탕을 시럽에 녹입니다. 너무 건조하면 물 한 숟가락을 추가하십시오. 따로.
d) 믹서기에 아보카도 과육, 우유, 연유, 얼음을 넣고 갈아주세요. 부드럽고 크리미해질 때까지 블렌딩합니다.
e) 큰 유리잔에 타피오카 펄 100g 정도를 흑설탕 시럽과 함께 숟가락으로 넣습니다. 잔의 나머지 부분을 아보카도 스무디로 채웁니다. 큰 보바 빨대와 함께 드시기 전에 잘 저어주세요.

25.코코넛 보바 티

재료:

- 양조한 홍차 2컵
- ⅔ 컵 코코넛 밀크 통조림
- 바닐라 추출물 1티스푼

타피오카 준비:

- 블랙 타피오카 펄 ¼컵
- 꿀 3테이블스푼

지침:

a) 타피오카 요리하기 : 포장 방향에 따라 타피오카 펄을 요리하세요.

b) 요리가 끝나면 타피오카를 찬물에 30분 동안 담가주세요.

c) 물기를 뺀 후 타피오카에 꿀을 넣고 균일하게 코팅될 때까지 저어줍니다. 따로.

d) 음료 만들기: 우려낸 홍차, 코코넛 밀크, 바닐라 추출물을 잘 섞일 때까지 저어줍니다.

e) 타피오카 꿀 혼합물을 저어주고 원하는 단맛에 맞춰 꿀을 조절하세요. 얼음과 함께 차갑게 서빙하세요.

26.패션 푸르트 보바티

재료:

- 물 1 리터
- 녹차티백 4개
- 블랙 타피오카 진주 120g
- 메이플 시럽 40mL
- 8 열정 과일
- 코코넛 음료 240mL

지침:

a) 물을 끓여서 그릇에 붓고 녹차티백을 넣어주세요.

b) 5분 동안 담가둔 후 제거하세요.

c) 녹차를 냉장고에 넣어 완전히 식혀주세요.

d) 그 동안 냄비에 물을 끓이고 타피오카 펄을 넣으세요.

e) 표면에 떠오르자마자 냄비 뚜껑을 덮고 3분간 조리하세요.

f) 그런 다음 불을 끄고 진주를 냄비 안에 3분 더 넣어두세요.

g) 이제 요리용 물을 버리고 찬물이 담긴 그릇에 진주를 넣으세요.

h) 20초 동안 식힌 후 다시 물을 빼세요.

i) 타피오카 볼을 메이플 시럽과 섞으세요.

j) 패션프루트 과육을 고운 체에 걸러내고 즙을 그릇에 걸러냅니다.

k) 보바티를 만들려면 키가 큰 유리잔에 타피오카 볼을 나눈 다음 패션프루트 주스와 차가운 녹차를 부어주세요.

27.파인애플 생강 보바티

재료:

- 블랙 타피오카 펄 ¼컵
- 단단히 포장된 흑설탕 ½컵
- 흰설탕 ½컵.
- 홍차 2테이블스푼 또는 티백 2개
- 다진 생강 2테이블스푼
- 13½ 온스 캔 코코넛 밀크
- 다진 파인애플 1컵

지침:

a) 물 5컵과 타피오카 펄을 넣고 끓입니다.
b) 거품이 부드럽고 부드러워질 때까지 15분간 끓입니다.
c) 조리용 액체에 5분 동안 그대로 두세요.
d) 그 사이에 간단한 시럽을 만들어 봅시다.
e) 냄비에 흑설탕, 백설탕, 물 2컵을 넣고 섞습니다.
f) 종기에 가져다. 묽은 시럽 농도가 될 때까지 약 15분간 끓입니다. 식히십시오.
g) 타피오카를 체에 걸러내고 슈가시럽에 타피오카를 첨가합니다. 30분간 휴식을 취하세요.
h) 작은 냄비에 차, 생강, 물 ½컵을 섞습니다. 종기에 가져다. 3분간 끓인다. 5분간 휴식을 취하세요.
i) 차를 걸러내고 얼음 5개를 추가합니다.
j) 블렌더에 차와 얼음, 코코넛 밀크, 파인애플을 넣고 갈아주세요. 걸쭉하고 거품이 생길 때까지 섞습니다.
k) 타피오카와 슈가시럽을 3잔에 균등하게 나누어 담습니다.
l) 파인애플-코코넛 콤보를 3개의 잔에 고르게 붓습니다.
m) 잘 흔들어 서빙하세요.

28.코코넛 리치 보바 티

재료:

- 연한 갈색 설탕 1컵
- 흰설탕 1컵
- 타피오카 펄 2컵

각 보바 차에 대해:

- 차가운 타피오카 펄 ½컵
- 으깬 얼음 1컵
- 차갑게 우려낸 리치 차 8온스
- 시럽에 담긴 리치 너트 통조림 1컵
- 코코넛 밀크 ¼컵
- 우유 ¼컵
- 신선한 라임 주스 1-2티스푼

지침:

a) 냄비에 설탕과 물 2컵을 섞습니다. 끓인 후 불을 끄세요. 냄비에 물 4리터를 넣고 끓입니다. 타피오카를 추가하고 부드러워질 때까지 조리합니다. 살짝 끓인 경우 약 8분간 조리합니다. 물을 빼다. 진주를 설탕 혼합물과 섞고 식히십시오 .

b) 음료를 만들려면 진주를 큰 유리잔에 숟가락으로 담으세요. 블렌더에 얼음, 차, 리치, 코코넛 밀크, 우유, 라임 주스를 넣고 퓌레로 만듭니다. 부드러워지고 거품이 생기면 진주 위에 붓고 빨대에 꽂아주세요.

29.라임 젤리를 곁들인 석류 보바

재료:

- 녹차티백 1개
- 뜨거운 물 250ml
- 라임 1개, 즙을 짜서 준비
- 꿀 2큰술
- 석류
- 라임젤리
- 얼음 조각

지침:

a) 녹차티백을 뜨거운 물에 15분 동안 담가둔 후 라임즙과 꿀을 넣고 저어주세요.

b) 티 베이스를 식혀주세요.

c) 별도의 유리잔에 준비한 신선한 과일, 얼음 조각, 라임 젤리를 숟가락으로 담습니다.

d) 토핑 위에 티 베이스를 부어서 즐겨보세요!

30.차이 보바 티

재료:

- 뜨거운 물 1컵
- 차이 티백 2개
- 흑설탕 1-2테이블스푼
- 우유 ⅛컵
- 연유 ⅛컵
- 타피오카 펄 ¼컵

지침:

a) 물 한 컵을 끓입니다.
b) 차이 티백 2개를 넣고 5분간 우려냅니다.
c) 유리잔에 붓고 아직 뜨거울 때 원하는 단맛에 따라 흑설탕 1~2테이블스푼을 저어주세요.
d) 그런 다음 연유와 일반 우유를 넣고 저어주세요.
e) 그런 다음 타피오카 펄을 추가합니다.

31.타이거보바차

재료:

흑설탕 시럽

- 마스코바도 설탕 ½컵
- 물 2테이블스푼

타피오카 진주

- 흑설탕 타피오카 펄 ½컵
- 물 2 ½컵

밀키베이스

- 우유 2 ½ 컵, 완전 지방
- 헤비 크림 ½컵
- 얼음 4-6개

지침:

흑설탕 시럽

a) 작은 냄비에 설탕과 물을 넣고 중간 불로 끓입니다.

b) 거품이 나면 불을 낮추고 3~4분 동안 또는 시럽이 걸쭉하고 끈적해 보일 때까지 끓입니다.

타피오카 진주

c) 포장에 표시된 대로 진주를 요리하세요.

d) 물을 배수하고 버리십시오. 익힌 타피오카 펄을 설탕시럽에 붓고 약한 불에서 2~3분간 끓입니다. 냄비 뚜껑을 덮고 20분간 식혀주세요.

보바 차 조립하기

e) 거품이 생길 때까지 크림을 휘핑하세요. 지금은 따로 보관해 두세요.

f) 서빙 잔을 45도 각도로 기울인 다음 작은 국자를 사용하여 타피오카 펄을 컵에 떨어뜨립니다. 타피오카 펄이 바닥으로 떨어지기 시작하면 잔을 돌립니다. 이 단계에서는 지저분해도 괜찮습니다! 원하는만큼 타피오카를 사용하십시오.

g) 타피오카 펄 위에 얼음을 올려주세요. 유리잔 가장자리에서 약 1인치 떨어진 얼음 위에 우유를 붓습니다.

h) 거품이 많은 크림을 우유 위에 부어 음료를 더욱 크리미하게 만드세요. 즉시 제공하고 즐기십시오!

애피타이저

32.대만 생선튀김

재료:

- 한입 크기로 자른 흰살 생선 필레(대구 또는 틸라피아 등) 450g(1lb)
- 다용도 밀가루 1컵
- 옥수수 전분 1/4컵
- 베이킹파우더 1/2티스푼
- 소금 1티스푼
- 얼음처럼 차가운 물 1컵
- 튀김용 식물성 기름
- 레몬 웨지(서빙용)

지침:

a) 믹싱볼에 다용도 밀가루, 옥수수 전분, 베이킹 파우더, 소금을 섞습니다.
b) 밀가루 혼합물에 얼음물을 점차적으로 첨가하고 반죽이 부드러워지고 덩어리가 없어질 때까지 휘젓습니다.
c) 깊은 프라이팬이나 큰 냄비에 식물성 기름을 약 350° F(175° C)까지 가열합니다.
d) 생선 조각을 반죽에 담그고 잘 코팅되었는지 확인합니다.
e) 반죽을 입힌 생선을 뜨거운 기름에 조심스럽게 넣고 황금빛 갈색이 되고 바삭해질 때까지 볶습니다.
f) 생선을 기름에서 꺼내 종이 타월로 물기를 빼냅니다.
g) 대만식 생선 튀김을 뜨겁게 서빙하고, 생선 위에 얹어 먹기 위한 레몬 웨지를 곁들여 보세요.

33.단수이 어묵

재료:

- 1 파운드 (대구 또는 가자미 등)
- 타피오카 전분 또는 옥수수 전분 1/4컵
- 어묵 2테이블스푼
- 다진마늘 1큰술
- 간장 1테이블스푼
- 참기름 1티스푼
- 흰 후추 1/2작은술
- 소금 1/4티스푼
- 닭육수 또는 물 4컵

지침:

a) 푸드 프로세서에서 생선 필레를 잘게 다질 때까지 펄스를 사용합니다.

b) 믹싱볼에 다진 생선, 타피오카 전분 또는 옥수수 전분, 어묵 , 다진 마늘, 간장, 참기름, 백후추, 소금을 넣고 섞습니다. 잘 섞어서 매끄러운 혼합물을 만듭니다.

c) 손을 물에 적시고 생선 혼합물을 작은 공 모양으로 만듭니다 .

d) 냄비에 닭육수나 물을 넣고 끓입니다.

e) 끓는 육수에 피시볼을 넣고 표면에 떠오를 때까지 익히면 완전히 익었다는 의미입니다.

f) 구멍이 있는 스푼으로 육수에서 피시 볼을 꺼내어 원하는 디핑 소스와 함께 그릇에 담으세요.

34.취 두부

재료:

- 단단한 두부 1개
- 중국산 검은콩 발효 2테이블스푼
- 다진 마늘 2쪽
- 간장 1테이블스푼
- 쌀식초 1테이블스푼
- 칠리소스 1테이블스푼(옵션)
- 튀김용 식물성 기름
- 절인 양배추 또는 김치 (선택 사항)

지침:

a) 두부를 한입 크기로 자릅니다.
b) 작은 그릇에 발효된 검은콩을 포크로 으깨주세요.
c) 깊은 팬이나 냄비에 식물성 기름을 데워서 볶습니다.
d) 두부 큐브가 황금빛 갈색이 되고 겉이 바삭해질 때까지 뜨거운 기름에 볶습니다. 종이 타월을 깐 접시 위에서 꺼내 물기를 빼냅니다.
e) 별도의 팬에 약간의 식물성 기름을 두르고 다진 마늘을 향이 날 때까지 볶습니다.
f) 으깬 검은콩, 간장, 쌀식초, 칠리소스(사용하는 경우)를 팬에 넣습니다. 맛이 섞이도록 1~2분 동안 조리하세요.
g) 볶은 두부 큐브를 서빙 접시에 담고 그 위에 검은 콩 소스를 붓습니다.
h) 취두부는 뜨겁게 제공되며 선택적으로 절인 양배추나 김치와 함께 제공됩니다.

35.대만 식 미트볼

재료:

충전용:

- 다진 돼지고기 1 파운드
- 껍질을 벗겨 잘게 썬 새우 1/2 파운드
- 잘게 다진 죽순 1/2컵
- 말린 표고버섯 1/4컵을 불려서 잘게 다집니다.
- 간장 2테이블스푼
- 굴소스 2테이블스푼
- 설탕 1테이블스푼
- 옥수수 전분 1테이블스푼
- 참기름 1티스푼
- 소금과 후추 맛

래퍼의 경우:

- 찹쌀가루 2컵
- 물 1컵
- 소금 1/2티스푼

소스:

- 간장 1/4컵
- 쌀식초 1/4컵
- 설탕 1테이블스푼
- 옥수수 전분 1테이블스푼
- 물 1/2컵

지침:

a) 믹싱볼에 모든 충전 재료를 넣고 잘 섞어주세요.
b) 별도의 그릇에 찹쌀가루, 물, 소금을 섞어 포장지 반죽을 만듭니다. 부드러워질 때까지 반죽하세요.
c) 반죽의 작은 부분을 떼어 손바닥에 올려 펴주세요. 가운데에 소를 한 숟가락씩 올리고 가장자리를 모아 밀봉하여 공 모양으로 만듭니다.
d) 남은 반죽과 충전물을 가지고 이 과정을 반복하세요.
e) 미트볼을 찜기에 넣고 완전히 익을 때까지 25~30분 정도 쪄주세요.
f) 미트볼이 끓는 동안 소스를 준비합니다. 냄비에 간장, 쌀 식초, 설탕, 옥수수 전분, 물을 섞습니다. 잘 저어주고 소스가 걸쭉해질 때까지 중간 불로 끓입니다.
g) 미트볼이 익으면 찜기에서 꺼내 소스와 함께 뜨겁게 드세요.

36.대만 팝콘 버섯

재료:

- 깨끗이 씻어 반으로 자른 신선한 버섯(단추 또는 크레미니 등) 1 파운드
- 다용도 밀가루 1/2컵
- 옥수수 전분 1/2컵
- 베이킹파우더 1티스푼
- 소금 1/2티스푼
- 흑후추 1/4티스푼
- 차가운 물 1컵
- 튀김용 식물성 기름
- 뿌리기용 소금(선택사항)

지침:

a) 그릇에 다용도 밀가루, 옥수수 전분, 베이킹 파우더, 소금, 후추를 섞습니다.
b) 밀가루 혼합물에 차가운 물을 점차적으로 첨가하고 매끄러운 반죽이 형성될 때까지 휘젓습니다.
c) 깊은 팬이나 냄비에 식물성 기름을 데워서 볶습니다.
d) 반으로 자른 버섯을 반죽에 담그고 고르게 코팅합니다.
e) 반죽된 버섯을 뜨거운 기름에 조심스럽게 넣고 황금빛 갈색이 되고 바삭해질 때까지 볶습니다.
f) 구멍이 있는 숟가락이나 집게를 사용하여 버섯의 기름을 제거하고 종이 타월을 깐 접시에 담아 물기를 뺍니다.
g) 아직 뜨거울 때 소금(선택 사항)을 뿌립니다.
h) 대만식 팝콘 버섯을 맛있는 길거리 음식 간식으로 제공하세요.

37.대만 팝콘 치킨

재료:

- 1 파운드 , 한입 크기로 자릅니다.
- 간장 2테이블스푼
- 소홍주 1테이블스푼(옵션)
- 오향분말 1테이블스푼
- 마늘가루 1테이블스푼
- 양파가루 1테이블스푼
- 파프리카 1티스푼
- 흰 후추 1/2작은술
- 소금 1/2티스푼
- 감자전분이나 옥수수전분 1컵
- 튀김용 식물성 기름

지침:

a) 그릇에 닭고기 조각을 간장, 소홍주(사용하는 경우), 오향 가루, 마늘 가루, 양파 가루, 파프리카, 백후추, 소금으로 재워둡니다. 잘 섞어서 최소 30분 동안 재워두세요.

b) 튀김을 위해 깊은 팬이나 냄비에 식물성 기름을 데우십시오.

c) 절인 닭고기 조각에 감자 전분이나 옥수수 전분을 바르고 남은 부분을 털어냅니다.

d) 코팅된 닭고기 조각을 뜨거운 기름에 조심스럽게 떨어뜨리고 황금빛 갈색이 되고 바삭해질 때까지 볶습니다.

e) 구멍이 있는 스푼을 사용하여 닭고기의 기름을 제거하고 종이 타월을 깐 접시에 담아 물기를 뺍니다.

f) 인기 있는 대만 길거리 음식 스낵으로 따뜻한 Yan Su Ji / K iâm -So□-Ke를 제공하세요.

38.타로 볼

재료:

- 껍질을 벗겨 깍둑썰기한 타로 2컵
- 찹쌀가루 1/2컵
- 설탕 1/4컵
- 물 (필요에 따라)
- 타피오카 전분 또는 감자 전분(더스팅용)

지침:

a) 타로 큐브가 부드러워지고 포크로 쉽게 으깨질 때까지 쪄주세요.
b) 찐 토란을 부드러워질 때까지 으깨세요.
c) 믹싱볼에 으깬 토란, 찹쌀가루, 설탕을 넣고 섞습니다. 잘 섞다.
d) 한 번에 조금씩 물을 서서히 첨가하고 부드러운 반죽이 될 때까지 혼합물을 반죽하십시오. 농도는 플레이도우와 비슷해야 합니다.
e) 반죽의 작은 조각을 꼬집어 작은 공 모양으로 굴립니다.
f) 냄비에 물을 끓입니다.
g) 타로 볼을 끓는 물에 살짝 넣고 표면에 떠오를 때까지 요리합니다.
h) 다 익은 타로볼을 물에서 건져내고 찬물이 담긴 그릇에 담아 식혀주세요.
i) 타로 볼의 물기를 빼고 타피오카 전분이나 감자 전분을 뿌려 달라붙지 않도록 해주세요.
j) 빙수나 달콤한 수프와 같은 디저트의 토핑으로 타로 볼을 제공하세요 .

39.볶은 것 버섯

재료:

- 깨끗이 씻어 잘게 썬 신선한 버섯(표고버섯, 양송이버섯, 느타리버섯 등) 1 파운드
- 다용도 밀가루 1/2컵
- 옥수수 전분 1/2컵
- 베이킹파우더 1티스푼
- 소금 1/2티스푼
- 흑후추 1/4티스푼
- 차가운 물 1컵
- 튀김용 식물성 기름
- 뿌리기용 소금(선택사항)

지침:

a) 그릇에 다용도 밀가루, 옥수수 전분, 베이킹 파우더, 소금, 후추를 섞습니다.

b) 밀가루 혼합물에 차가운 물을 점차적으로 첨가하고 매끄러운 반죽이 형성될 때까지 휘젓습니다.

c) 깊은 팬이나 냄비에 식물성 기름을 데워서 볶습니다.

d) 얇게 썬 버섯을 반죽에 담그고 고르게 코팅합니다.

e) 반죽된 버섯을 뜨거운 기름에 조심스럽게 넣고 황금빛 갈색이 되고 바삭해질 때까지 볶습니다.

f) 튀긴 버섯은 구멍이 있는 숟가락이나 집게를 사용하여 기름을 제거하고 종이 타월을 깐 접시에 담아 물기를 뺍니다 .

g) 아직 뜨거울 때 소금(선택 사항)을 뿌립니다.

h) 튀긴 버섯을 맛있는 길거리 음식 간식으로 제공하세요.

떡

40.막대기에 떡

재료:

- 찹쌀가루 1컵
- 설탕 1/4컵
- 물 3/4컵
- 옥수수 전분 1/4컵(더스팅용)
- 나무 꼬치

지침:

a) 전자레인지용 그릇에 찹쌀가루, 설탕, 물을 넣고 부드러워질 때까지 섞습니다.
b) 혼합물을 고출력으로 2분간 전자레인지에 돌리세요.
c) 전자레인지에서 그릇을 꺼내고 주걱으로 혼합물을 저어줍니다.
d) 그릇을 전자레인지에 다시 넣고 2분간 더 돌려주세요.
e) 끈적하고 매끄러운 반죽이 될 때까지 혼합물을 다시 저어줍니다.
f) 달라붙는 것을 방지하기 위해 옥수수 전분으로 깨끗한 표면을 닦으십시오.
g) 반죽을 먼지를 뿌린 표면으로 옮기고 부드럽고 유연해질 때까지 가볍게 반죽하십시오.
h) 반죽을 작은 부분으로 나누고 각 부분을 공 모양으로 굴립니다.
i) 각 떡 공에 나무 꼬치를 꽂습니다.
j) 남은 반죽으로 이 과정을 반복하세요.
k) 떡을 그대로 막대에 담아 제공하거나 약간의 간장이나 달콤한 소스를 발라 풍미를 더합니다.

41.우베 모치

재료:

- 계란 4개
- 무지방 우유 2컵
- 코코넛 밀크 1캔 13.5온스
- 바닐라 1티스푼
- 우베 추출물 2티스푼
- 모치코 가루 16온스 1상자
- 설탕 2컵
- 베이킹파우더 2티스푼
- 소금 ½티스푼
- 녹인 무염 버터 ½컵

지침:

a) 오븐을 350F로 예열하세요.

b) 중간 크기의 믹싱볼에 젖은 재료인 계란, 우유, 코코넛 밀크, 우베 추출물, 바닐라를 섞습니다. 섞어서 섞으세요. 따로.

c) 큰 믹싱볼에 마른 재료인 모치코 가루, 설탕, 베이킹 파우더, 소금을 섞습니다. 섞어서 섞으세요.

d) 건조할 때 젖은 재료를 첨가하세요. 섞어서 섞으세요. 버터를 넣고 잘 섞일 때까지 다시 저어줍니다.

e) 9×13 팬에 양피지를 깔아주세요. 혼합물을 팬에 붓고 팬을 두드려서 기포를 빼냅니다.

f) 오븐에 넣고 1시간 동안 또는 윗부분이 황금빛 갈색이 될 때까지 굽습니다.

g) 자르고 즐기기 전에 팬을 완전히 식히십시오.

42.시럽을 넣은 떡

재료:

- 쌀가루 60g
- 물 4테이블스푼
- 옥수수 시럽 2테이블스푼
- 생강즙 1티스푼
- 유자 레몬 또는 레몬 껍질

지침:

a) 밀가루에 물을 조금씩 섞어가며 둥글게 될 정도로 단단하게 만들어주세요.

b) 떡 반죽을 자르십시오.

c) 끓는 물에 떡을 삶아줍니다. 위로 떠오르면 2분간 더 끓인 후 물에 넣어 식혀주세요.

d) 생강 시럽을 만들어 시럽과 함께 냅니다.

43. 딸기 모찌

재료:

- 적당한 크기의 딸기 4~5개, 녹색 줄기를 빼주세요
- 미리 만들어진 검은깨 페이스트 250g

먼지 제거용

- 옥수수 전분 100g

다이후쿠

- 찹쌀가루 150g
- 옥수수 전분 30g
- 백설탕 50g
- 물 180-200ml

지침:

a) 딸기의 녹색 줄기를 씻어서 떼어냅니다. 참깨 페이스트를 약 40g 크기의 공 크기로 굴립니다. 그런 다음 참깨 페이스트를 납작하게 펴고 딸기를 중앙에 놓습니다. 딸기에 참깨를 묻혀 돔 모양으로 만들어주세요. 냉장고에 보관하세요.

b) 작은 냄비에 옥수수 전분을 넣고 약한 불에서 5~6분 동안 끓입니다. 이 방법을 사용하면 옥수수 전분을 찹쌀떡에 코팅할 때 더 가벼워집니다.

c) 떡 만들기 냄비에 찹쌀가루, 옥수수 전분, 설탕, 물을 넣고 대충 섞은 후 불을 중불로 줄이고 모든 혼합물이 반죽이 될 때까지 빠르게 저어줍니다.

d) 조금 식힌 다음 약 50g 정도의 작은 공 크기로 굴립니다. 반죽을 반죽할 때 옥수수 전분 가루를 조금 넣어주면 손에 달라붙는 것을 방지할 수 있습니다.

e) 냉장고 에서 채워둔 딸기와 참깨 페이스트를 꺼내주세요 .

f) 도마 밀방망이에 옥수수 전분을 뿌린 후 떡을 약 ½cm 두께로 밀어주세요. 딸기와 참깨 페이스트 볼을 중앙에 넣고 떡으로 고르게 덮어주세요.

g) 서빙하기 전에 내부의 딸기가 보이도록 반으로 자릅니다.

h) 녹차나 좋아하는 차와 함께 드세요.

44.버터 모찌

재료:

- 버터 ½컵
- 1팩(1lb)
- 설탕 1½컵
- 베이킹 파우더 1티스푼
- 우유 3컵
- 달걀 5개, 풀어서
- 바닐라 1티스푼
- 코코넛 1컵

지침:

a) 전기 오븐을 화씨 350도까지 예열합니다. 버터를 녹입니다. 시원한.

b) 모찌코, 설탕, 베이킹파우더를 섞으세요. 버터와 나머지 재료를 섞습니다.

c) 떡볶이 혼합물에 저어주세요. 잘 섞다. 13 X 9 X 2인치 팬에 붓습니다. 한 시간 동안 굽습니다. 시원한.

45.초콜릿 떡

재료:

- 모찌코 2컵
- 흰설탕 2컵
- 베이킹 소다 1테이블스푼
- 약간 달콤한 초콜릿 칩 1컵
- 연유 2캔(2-12온스)
- 마가린 ½컵(녹인 것)
- 바닐라 추출물 2티스푼
- 2 달걀

지침:

a) 큰 그릇에 마른 재료, 모치코, 설탕, 베이킹 소다를 체로 쳐서 넣습니다.

b) 마가린과 초콜릿 칩을 함께 녹인 후 연유, 바닐라 추출액, 계란을 섞습니다. 매끄러운 반죽이 될 때까지 모든 재료를 잘 섞고 저어줍니다 .

c) 그런 다음 기름칠된 9x13 팬에 붓습니다.

d) 350도로 예열된 오븐에 굽습니다. 45~55분 동안 식힌 후 서빙하세요. 냉장 보관하지 마십시오.

46.오레오 모찌

재료:

떡의 경우:

- 모찌코/찹쌀가루 100g
- 무가당 코코아 가루 1테이블스푼
- 설탕 40g
- 물 200ml

충전용:

- 헤비크림/휘핑크림 50ml
- 크림치즈 80g(필라델피아 유사)
- 오레오 쿠키 3개
- 설탕 30g

지침:

a) 필링 크림부터 시작하세요: _ 부드러운 봉우리가 형성될 때까지 휘핑 크림과 설탕을 휘핑하세요. 크림치즈를 넣고 잘 섞어주세요. 따로.

b) 오레오 쿠키 안에 있는 크림층을 제거해주세요. 쿠키를 부수십시오. 그런 다음 크림 혼합물에 오레오 부스러기를 추가합니다.

c) "실리콘 몰드"를 준비합니다.

d) 각 구멍에 오레오 필링 크림을 넣어주세요.

e) 숟가락이나 원하는 다른 도구를 사용하여 표면을 평평하게 만드세요. 냉동될 때까지 냉동실에 넣어두세요. 보통 떡 먹고 싶은 날 하루 전에 만들어요.

f) 모찌타임! 크림이 얼면 떡 혼합물 준비를 시작하세요. 전자레인지에 사용 가능한 유리 그릇에 밀가루, 코코아 가루, 설탕을 섞으세요. 섞어서 섞으세요. 물을 천천히 첨가하고 부드러워질 때까지 달걀 거품기로 섞습니다. 랩으로 그릇을 가볍게 덮으세요.

g) 혼합물을 1분간 전자레인지에 돌리세요. 그런 다음 주걱으로 반죽을 섞어주세요. 다시 전자레인지에 1분 동안 넣고 가볍게 저어주세요. 이제 다시 전자레인지에 30초 동안(1분이 아니라!) 넣고 저어주세요. 그런 다음 전자레인지에 한 번 더 30초 동안

돌린 후 저어주세요. 이제 혼합물은 매우 걸쭉하고 반투명해질 것입니다.

h) 가타쿠리코 /감자 전분을 뿌린 떡 반죽을 작업대에 옮깁니다. 매우 뜨거우니 주걱을 사용하셔야 하므로 조심하세요. 떡을 15등분으로 잘라주세요. 가타쿠리코 /감자전분을 손에 바르는 것을 잊지 마세요 .

i) 손으로 이 조각 중 하나를 가져다가 원 모양으로 납작하게 만듭니다. 그런 다음 냉동실에서 얼려둔 오레오 크림 필링을 꺼내 떡 원판 중앙에 넣어주세요. 크림 필링은 빨리 녹고 부드러워지므로 냉동실에서 하나씩 꺼내세요.

j) 반죽 디스크의 가장자리를 함께 당겨 크림 볼을 덮습니다. 가장자리를 함께 눌러 잘 밀봉하세요. 떡을 먼지를 뿌린 판 위에 굴려서 부드럽게 만드세요.

k) 드시기 전 냉장고에 넣어두세요 :)

47.코코넛 떡

재료:

- 떡가루 1박스(1lb)
- 설탕 2½컵
- 베이킹 파우더 1티스푼
- 코코넛 밀크 1캔
- 물 1½컵
- 바닐라 1작은술(선택)

지침:

a) 설탕, 밀가루, 베이킹 파우더(건조 재료)를 섞습니다.

b) 모든 액체 성분을 추가 하고 부드러워질 때까지 섞습니다. 기름칠된 9″X13″ 팬에 붓고 호일로 덮습니다.

c) 화씨 350도에서 1시간 동안 굽습니다.

d) 삶아지면 플라스틱 칼로 잘라주세요.

e) 옥수수 전분을 개별적으로 말아서 보관할 수도 있습니다.

48.노리가 들어간 떡

재료:

- 모찌 1팩(7온스); 8조각으로 자르다
- 간장 2테이블스푼
- 김 2장; 구운

지침:

a) 예열된 프라이팬에 떡을 넣고 기름을 살짝 두른 후 뚜껑을 덮고 약불에서 부드러워지고 부풀어오르기 시작할 때까지 조리합니다. 타는 것을 방지하기 위해 한 번 뒤집으십시오.
b) 간장을 양면에 가볍게 발라줍니다.
c) 김 시트를 반으로 자른 다음 2인치 스트립으로 자릅니다.
d) 각 떡 조각의 중앙에 김 한 조각을 감싸서 서빙하세요.

49.스피루리나 땅콩 모찌

재료:

떡:

- 찹쌀가루 300g
- 밀 전분 50g
- 흑설탕 75g
- 기름 1½테이블스푼
- 물 450ml
- 스피루리나 분말 ½티스푼

땅콩 충전물:

- 혼합 볶은 땅콩 300g
- 흑설탕 100g
- 소금 ¼티스푼

코팅 및 분진용 밀가루:

- 찹쌀가루 200g을 중불에서 20분간 볶습니다.

지침:

a) 모든 떡 재료가 잘 섞일 때까지 섞습니다. 체에 걸러 기름칠한 찜 트레이에 붓고 중간 불로 25분 동안 쪄주세요.

b) 쌀가루 혼합물이 손으로 만질 수 있을 만큼 식으면 가루를 살짝 뿌린 작업대 위에 긁어냅니다.

c) 밀가루를 뿌린 날카로운 칼을 사용하여 요리 반죽을 각각 약 35-40g의 작은 부분으로 나눕니다.

d) 한 번에 한 조각씩 작업하고 손에 밀가루를 뿌려 달라붙지 않도록 한 다음 각 조각을 공 모양으로 굴립니다.

e) 공을 편 다음 손을 사용하여 직경 8cm의 둥근 모양을 만듭니다.

f) 모든 충전 재료를 섞은 다음 충전물 한 스푼을 둥근 중앙에 놓은 다음 가장자리를 충전물 위로 가져오고 잘 꼬집어 밀봉합니다.

g) 부드럽게 다시 둥글게 말아서 윗부분을 살짝 눌러 약간 평평하게 만듭니다.

h) 떡의 표면을 매끄럽게 하기 위해 밀가루를 입혀줍니다.

i) 모찌는 밀폐용기에 담아 최대 2일 동안 보관할 수 있습니다.

50. 감자떡

재료:

- 큰 감자 1개
- 소금 1꼬집
- 옥수수 전분 또는 감자 전분 1-2테이블스푼
- 식용유

지침:

a) 감자 껍질을 벗기고 작은 조각으로 자른 후 냄비에 넣으세요. 물로 덮고 소금 ½티스푼(또는 물을 더 추가하는 경우 소금을 더 추가)을 추가하고 완전히 부드러워질 때까지 요리합니다.

b) 물기를 빼고 부드러워질 때까지 으깨세요. 약간 식혀주세요.

c) 소금 1꼬집, 옥수수전분(또는 감자전분) 1큰술을 넣고 잘 섞어주세요. 여전히 너무 젖어 있거나 너무 부드러우면 전분을 추가하세요.

d) 혼합물을 디스크로 만듭니다. 직경 5cm 정도의 디스크 4개를 만들었어요.

e) 프라이팬(저는 20cm 팬)을 약한 불로 달군 뒤 기름을 살짝 두르고 감자모찌를 5분간 또는 바닥이 노릇노릇해질 때까지 구워줍니다. 뒤집어 반대편도 익혀주세요.

f) 좋아하는 소스와 함께 즐겨보세요. 위 사진의 감자떡에는 설탕 ½큰술, 간장 ½큰술로 만든 소스가 코팅되어 있습니다.

51. 말차 와라비 모찌

재료:

- 감자전분 3테이블스푼
- 설탕 2테이블스푼
- 말차 가루 1티스푼
- 따뜻한 물 1컵
- 식혀주는 얼음물
- 달콤한 아즈키 페이스트
- 아즈키 팥앙금
- 볶은 콩
- 머스코바도 시럽

지침:

a) 냄비에 감자 전분, 설탕, 말차 가루를 섞습니다. 따뜻한 물을 넣고 잘 섞으세요. 색상이 짙은 녹색으로 변하고 혼합물이 걸쭉해질 때까지 계속 저으면서 중불로 가열합니다. 불을 끄고 단단해질 때까지 20~30초 동안 계속 저어줍니다.

b) 또는 전자레인지에서 중간 전력으로 요리할 수도 있습니다.

c) 아주 잘 저어준 다음 1~1분 30초 동안 조리하고 잘 저어주세요.

d) 그릇에 물과 얼음을 준비해주세요. 두 개의 젖은 스푼을 사용하여 끈적끈적한 페이스트 같은 혼합물 1테이블스푼을 얼음물에 떨어뜨립니다. 혼합물이 즉시 굳어집니다.

e) 차갑고 단단해지면 물기를 잘 빼고 서빙 그릇에 담습니다. 볶은 콩가루(볶은 콩)과 머스코바도 시럽과 함께 즐겨보세요. 말차 와라비모치를 '달콤한 팥소'(달콤한 팥소)와 함께 즐겨보시길 적극 추천합니다.

52. 일본어 두부 모찌

재료:

- 찹쌀가루 4큰술
- 순두부 2큰술
- 설탕 1-1½테이블스푼
- 반 삶은 달걀 노른자

지침:

a) 건조재료에 두부를 넣고 섞어주세요.

b) 계란 노른자를 더 곱게 만들려면 차 여과기를 사용하세요.

c) 떡 반죽 1 큰술에 계란 노른자를 섞어 노란색 떡을 만들어주세요.

d) 노란색의 작은 공을 만들어 흰색 떡 반죽으로 감싸세요. 달걀 모양을 만들어 보세요. 이 단계에서는 손에 든 찹쌀가루를 사용합니다.

e) 떡을 3분 동안 끓입니다. 그리고 물에 식혀주세요.

f) 계란 떡을 녹색으로 장식합니다.

g) 즐기다

53.토끼 찹쌀떡 타로

재료:

- 타로 페이스트 300g (25g 크기)
- 눈 피부; (20g/개)
- 찹쌀가루 33g
- 쌀가루 33g
- 옥수수 전분 20g
- 흑설탕 20g
- 우유 150ml
- 연유 17g
- 코코넛 오일 20g
- 비트 뿌리(색소) 12g(핑크색 반죽 1g)
- 눈 먼지
- 찹쌀가루 3큰술, 팬에 볶은 것

지침:

a) 스노우 스킨, 먼저 모든 재료를 믹싱볼에 넣고 잘 섞이도록 휘핑하세요. 그런 다음 섞은 밀가루를 소쿠리에 걸러냅니다. 호일로 덮고 중간 불로 20분간 또는 익을 때까지 쪄주세요.

b) 그 사이에 찹쌀 4개를 약한 불로 5분간 볶습니다. 따로.

c) 증기선으로 돌아가서 증기선에서 눈가죽을 제거합니다. 뜨거울 때 주걱을 이용해 식힐 때까지 반죽해주세요. 그런 다음 부드럽고 탄력있게 될 때까지 손으로 반죽하십시오. 비트 뿌리 착색을 위해 12g을 잘라냅니다. 완전히 식을 때까지 포장하십시오.

d) 비트 뿌리를 갈아서 즙을 짜낸 다음 밀가루와 섞습니다. 포장해서 따로 보관해 두세요.

e) 스노우 스킨 용 20g , 분홍색 반죽용 1g으로 12개의 볼로 만듭니다.

f) 손바닥으로 눈가죽을 펴세요 . 가운데를 눌러 얇게 만들어주세요. 그런 다음 분홍색 반죽을 펴고 얇은 부분을 눌러주세요. 타로 페이스트를 올려서 살살 감싸주세요. 부드럽고 둥근 공으로 굴립니다.

g) 볶은 찹쌀가루를 전체적으로 뿌려주세요. 젓가락을 이용해 토끼의 귀를 만들고, 검은깨를 눌러 눈을 만들어주세요. 작은 꼬리를 굴려 물로 닦은 다음 작은 꼬리를 가볍게 두드려주세요.

54.나비콩 땅콩 떡

재료:

떡:

- 찹쌀가루 300g
- 밀 전분 50g
- 흑설탕 75g
- 기름 1½테이블스푼
- 물 450ml
- 나비콩 가루 ½티스푼

땅콩 충전물:

- 혼합 볶은 땅콩 300g
- 흑설탕 100g
- 소금 ¼티스푼

코팅 및 분진용 밀가루:

- 찹쌀가루 200g을 중불에서 20분간 볶습니다.

지침:

a) 떡볶이 재료를 모두 섞어주세요 잘 결합될 때까지. 체에 걸러 기름칠한 찜 트레이에 붓고 중간 불로 25분 동안 쪄주세요 .

b) 쌀가루 혼합물이 손으로 만질 수 있을 만큼 식으면 가루를 살짝 뿌린 작업대 위에 긁어냅니다.

c) 밀가루를 뿌린 날카로운 칼을 사용하여 요리 반죽을 각각 약 35-40g의 작은 부분으로 나눕니다.

d) 한 번에 한 조각씩 작업하고 손에 밀가루를 뿌려 달라붙지 않도록 한 다음 각 조각을 공 모양으로 굴립니다.

e) 공을 편 다음 손을 사용하여 직경 8cm의 둥근 모양을 만듭니다.

f) 모든 충전 재료를 섞은 다음 충전물 한 스푼을 둥근 중앙에 놓은 다음 가장자리를 충전물 위로 가져오고 잘 꼬집어 밀봉합니다.

g) 부드럽게 다시 둥글게 말아서 윗부분을 살짝 눌러 약간 평평하게 만듭니다.

h) 떡의 표면을 매끄럽게 하기 위해 밀가루를 입혀줍니다.

i) 모찌는 밀폐용기에 담아 최대 2일 동안 보관할 수 있습니다.

55.사쿠라모찌

재료:

- 6절임 사쿠라 잎
- 빨간색 식용색소 1방울
- 4.76 온스 찹쌀/찹쌀
- 굵은 설탕 1테이블스푼
- 팥앙금 3.53 온스
- 물 6.09온스

지침:

a) 찹쌀을 씻어서 하룻밤 정도 1시간 이상 불려주세요. 벚나무 잎을 물에 15분 동안 담가서 소금을 제거합니다. 그런 다음 종이 타월로 잎을 말리십시오. 손을 적시고 반죽을 손 사이에 6개의 작은 공 모양으로 굴립니다.

b) 물기를 잘 빼고 찹쌀을 큰 그릇에 담습니다.

c) 물과 빨간색 식용색소를 넣고 잘 섞어주세요.

d) 비닐랩을 씌워 전자레인지에 6분간 돌려주세요.

e) 중간에 한 번씩 섞어주세요. 플라스틱 랩을 열고 섞으세요. 그런 다음 키친타올로 덮어 5분 동안 놓아두세요.

f) 찹쌀에 설탕을 넣고 모두 섞어주세요. 찹쌀이 매우 끈적해질 때까지 막자로 찹쌀을 두드립니다(쌀 모양이 어느 정도 유지됩니다). 밥을 6등분으로 나눕니다. 준비 표면에 플라스틱 랩을 놓고 약간의 물을 뿌립니다.

g) 찹쌀을 넣고 직사각형 모양으로 펼쳐주세요. 중앙 부분에 빈 공간이 없는지 확인하십시오.

h) 중앙에 공을 놓고 그 위에 찹쌀을 굴려 덮습니다.

i) 비닐랩을 단단히 조이고 비틀어 예쁜 타원형 모양을 만듭니다. 마지막으로 벚꽃 잎 으로 감싸주세요 . 떡이 사쿠라 잎 의 향을 흡수할 때까지 실온에 1시간 정도 놔두세요 . 즐기다!

56.팥모찌

재료:

- 찹쌀가루 0.25컵
- 식물성 기름
- 찹쌀가루 1½컵
- 옥수수 전분 0.25컵
- 흰설탕/특상설탕 0.25컵
- 가당 무가당 코코넛 밀크 1½컵
- 코코넛 오일 2테이블스푼
- 팥소 10온스

지침:

a) 떡 코팅(익힌 찹쌀가루)을 준비합니다.

b) 깨끗하고 마른 냄비에 찹쌀가루 ¼컵을 넣습니다. 밀가루에 살짝 연기가 날 때까지 중간 불로 10분간 조리합니다. 타지 않도록 자주 저어주세요.

c) 나머지 떡 구성 요소를 준비하는 동안 불을 끄고 완전히 식혀주세요.

d) 떡 반죽 만들기:

e) 11×11인치 정사각형 케이크 팬 (붙지 않는 것이 이상적임) 에 식물성 기름을 얇게 바르십시오. 따로.

f) 찜기에 물을 준비하고 끓여주세요.

g) 물이 가열되는 동안 찹쌀가루, 옥수수 전분, 흑설탕, 코코넛 밀크, 녹인 코코넛 오일을 큰 그릇에 넣고 덩어리 없이 부드러워질 때까지 섞습니다.

h) 준비된 케이크 팬에 혼합물을 옮기고, 카운터 위에 팬을 가볍게 두드려 반죽을 고르게 펴줍니다. 찜기에 물이 끓으면 반죽을 센 불로 15분간 쪄주세요.

i) 불을 끄고 카운터 위에 놓아 완전히 식혀주세요.

j) 팥소를 공 모양으로 굴립니다.

k) 팥소를 냉장고(뚜껑을 덮은 상태)에서 30분 이상 차갑게 식혀주세요. 차가운 팥소를 공 모양으로 굴릴 때나 떡을 조립할 때 모두 다루기가 더 쉽습니다.

l) 기름을 살짝 묻힌 손으로 페이스트를 공 모양으로 굴립니다(큰 떡의 경우 각 35g, 이 조리법으로 16개의 작은 떡을 만드는 경우 20-25g). 접시에 따로 보관하십시오.

m) 반죽이 식으면 큰 종이(또는 식물성 기름을 바른 깨끗하고 살짝 기름칠된 조리대) 위에 반죽을 옮깁니다. 기름칠한 벤치 스크레이퍼를 사용하여 끈적끈적한 떡을 팬에서 서서히 들어 올리세요.

n) 반죽을 9개 또는 16개의 동일한 정사각형으로 자릅니다(더 큰 떡을 원하는지 더 작은 떡을 원하는지에 따라).

o) 손가락에 아주 살짝 기름을 바르고 반죽을 떼어낸 뒤, 가운데에 팥소를 넣어주세요. 충전물 주위에 반죽을 닫고 꼬집어 닫습니다. 이 단계에서 기름을 너무 많이 바르면 반죽이 굳어지는 것을 방지할 수 있으므로, 손으로 만질 때 반죽이 손에 들러붙지 않을 만큼만 손가락에 기름을 바르세요.

p) 익힌 찹쌀가루에 떡을 굴려 코팅합니다. 손바닥 사이에 가볍게 던져 여분의 밀가루를 털어냅니다.

q) 각 떡 솔기가 아래로 향하도록 종이 컵케이크 컵에 넣습니다. 모든 떡이 조립될 때까지 반복합니다.

57.하와이안 버터 모찌

재료:

- 찹쌀가루(모치코) 3컵
- 굵은 설탕 2¼컵
- 베이킹파우더 2티스푼
- 소금 ¼티스푼
- 무가당 코코넛 밀크 2캔(14온스, 400ml)
- 전유 1컵
- 큰 계란 5개
- 녹인 버터 8테이블스푼
- 바닐라 추출물 2티스푼

지침:

a) 오븐을 340° F(171° C)로 가열합니다. 9×13인치(23×33cm) 베이킹 팬에 들러붙지 않는 쿠킹 스프레이를 바르고 따로 보관합니다.

b) 중간 크기의 그릇에 찹쌀가루, 설탕, 베이킹 파우더, 소금을 섞습니다.

c) 별도의 중간 크기 그릇에 무가당 코코넛 밀크, 전유, 계란, 버터, 바닐라 추출물을 함께 휘젓습니다.

d) 계란 혼합물에 밀가루 혼합물을 넣고 휘저어 섞습니다. 준비된 팬에 혼합물을 붓습니다.

e) 1시간 동안 굽거나 가장자리가 살짝 황금빛 갈색이 될 때까지 굽습니다. 완전히 식힌 후 24개의 정사각형으로 자릅니다.

58.간장 떡

재료:

- ½c. 콩 펄프
- ½c. 칡 분말
- ¼ 다. 두유 또는 물
- ½t. 소금

지침:

a) 재료를 결합하세요 그리고 조금 반죽하세요.

b) 프라이팬에 기름을 두르고 중간 정도까지 예열한 후 떡을 넣고 겉면이 굳을 때까지 양면을 볶습니다.

c) 불을 중간 정도로 낮추고 양면이 갈색이 되고 속이 떡처럼 끈적해질 때까지 요리합니다 .

d) 팬에서 꺼내어 젓가락 앞쪽으로 스쿼시를 하여 간장과 꿀을 같은 비율로 섞습니다.

59. 말차 모찌

재료:

캐슈넛 크림

- 밤새 불린 생 캐슈 ½컵
- 물 ½컵

말차 필링

- 카카오 버터 50g
- 가루 설탕 45g
- 최고의 맛을 위해 말차 가루 1티스푼은 관혼상제 등급을 사용합니다.
- 캐슈크림 2테이블스푼
- 바닐라 추출물 ¼티스푼

떡 반죽

- 찹쌀가루 ½컵
- 흰설탕 2큰술
- 아몬드 우유 또는 기타 식물성 우유 6테이블스푼
- 기름 1과 ½ 작은술
- 말차 가루 ¼티스푼

지침:

캐슈넛 크림

a) 캐슈의 물기를 빼고 물과 함께 고속 블렌더에 넣습니다. 30-50초 동안 또는 부드러워질 때까지 강한 힘으로 사용하십시오. 그릇에 옮기고 따로 보관하십시오.

말차 필링

b) 작은 냄비에 카카오 버터를 녹입니다. 녹자마자 불에서 내리세요. 카카오 버터는 뜨겁지 않아야 합니다. 너무 뜨거우면 몇 분 동안 식히거나 실온이 될 때까지 식혀주세요.

c) 녹인 카카오 버터를 작은 그릇에 옮깁니다. 가루 설탕, 말차 , 캐슈 크림, 바닐라를 추가합니다.

d) 완전히 섞일 때까지 휘젓고 2~3분 동안 또는 약간 걸쭉해질 때까지 계속 휘젓습니다.

e) 냉장고로 옮겨서 약 2시간 동안 또는 굳을 때까지 냉장 보관하세요.

떡 반죽

f) 작은 그릇에 찹쌀가루, 백설탕, 아몬드 우유, 오일, 말차 가루를 함께 섞습니다.

g) 냄비에 물을 끓이고 그 위에 대나무 찜 바구니를 올려 놓습니다.

h) 대나무 찜통 안에 들어갈 수 있는 용기에 혼합물을 옮깁니다 .

i) 뚜껑을 닫고 20분간 쪄주세요. 찜이 중간에 숟가락으로 저어줍니다.

j) 20분 후, 반죽을 15~20분 동안 식히거나 따뜻해질 때까지 기다리세요. 그릇에 옮기고 반죽이 부드러워질 때까지 나무 숟가락을 사용하여 잘 저어줍니다.

k) 끈적끈적한 반죽을 비닐랩에 싸서 약 45분 동안 냉장 보관하세요.

l) 모양 만들기: 말차 필링 1½티스푼을 떠서 조심스럽게 공 모양으로 굴려 따로 보관해 둡니다. 옥수수 전분으로 작업 표면의 먼지를 제거하십시오. 떡 반죽을 소량 덜어 먼지를 뿌린 표면에 둥글게 펴주세요.

m) 반죽 중앙에 충전재 공을 놓고 반죽으로 충전재를 감쌉니다. 가장자리를 꼬집어 밀봉합니다. 밀봉된 면이 아래를 향하도록 하여 접시에 옮깁니다. 남은 충전물과 반죽으로 반복하십시오.

n) 즉시 즐기거나 몇 시간 동안 냉장 보관하세요. 모찌는 당일 드시는 것이 가장 좋지만 냉장고에 최대 3일 동안 보관하실 수 있습니다.

60.말차 땅콩 모찌

재료:

떡:

- 찹쌀가루 300g
- 밀 전분 50g
- 흑설탕 75g
- 기름 1½테이블스푼
- 물 450ml
- 말차 가루 ½티스푼

땅콩 충전물:

- 혼합 볶은 땅콩 300g
- 흑설탕 100g
- 소금 ¼티스푼

코팅 및 분진용 밀가루:

- 찹쌀가루 200g을 중불에서 20분간 볶습니다.

지침:

a) 모든 떡 재료가 잘 섞일 때까지 섞습니다. 체에 걸러 기름칠한 찜 트레이에 붓고 중간 불로 25분 동안 쪄주세요.

b) 쌀가루 혼합물이 손으로 만질 수 있을 만큼 식으면 가루를 살짝 뿌린 작업대 위에 긁어냅니다.

c) 밀가루를 뿌린 날카로운 칼을 사용하여 요리 반죽을 각각 약 35-40g의 작은 부분으로 나눕니다.

d) 한 번에 한 조각씩 작업하고 손에 밀가루를 뿌려 달라붙지 않도록 한 다음 각 조각을 공 모양으로 굴립니다.

e) 공을 편 다음 손을 사용하여 직경 8cm의 둥근 모양을 만듭니다.

f) 모든 충전 재료를 섞은 다음 충전물 한 스푼을 둥근 중앙에 놓은 다음 가장자리를 충전물 위로 가져오고 잘 꼬집어 밀봉합니다.

g) 부드럽게 다시 둥글게 말아서 윗부분을 살짝 눌러 약간 평평하게 만듭니다.

h) 떡의 표면을 매끄럽게 하기 위해 밀가루를 입혀줍니다.

i) 모찌는 밀폐용기에 담아 최대 2일 동안 보관할 수 있습니다.

메인 코스

61.구운 것 오징어

재료:

- 깨끗이 씻어 내장을 제거한 중간 크기 오징어 2마리
- 간장 2테이블스푼
- 굴소스 2테이블스푼
- 꿀 2테이블스푼
- 참기름 1테이블스푼
- 다진마늘 1큰술
- 고춧가루 1티스푼(선택사항)
- 소금과 후추 맛
- 나무 꼬치

지침:

a) 그릴이나 그릴 팬을 중간 정도 높은 불로 예열하세요.
b) 오징어를 양쪽에 십자 모양으로 칼집을 냅니다.
c) 그릇에 간장, 굴소스, 꿀, 참기름, 다진 마늘, 고춧가루(사용하는 경우), 소금, 후추를 섞어 양념장을 만듭니다.
d) 오징어에 매리네이드를 바르고 잘 코팅되도록 하세요.
e) 오징어를 나무 꼬치에 꽂아 몸통과 촉수를 뚫습니다.
f) 오징어가 완전히 익고 그릴 자국이 남을 때까지 각 면을 약 3-4분 동안 굽습니다.
g) 그릴에서 오징어를 꺼내서 몇 분 동안 그대로 두었다가 서빙하세요.
h) 구운 오징어를 작은 조각으로 썰어 뜨겁게 드세요.

62.대만산 다진 돼지고기와 절인 오이

재료:

- 450g (1lb)
- 얇게 썬 절인 오이 1컵
- 간장 2테이블스푼
- 호이신 소스 1테이블스푼
- 쌀식초 1테이블스푼
- 참기름 1테이블스푼
- 다진 마늘 2쪽
- 다진 생강 1티스푼
- 설탕 1/2티스푼
- 흑후추 1/4티스푼
- 요리용 식물성 기름
- 다진 파(장식용)

지침:

a) 작은 그릇에 간장, 호이신 소스, 쌀식초, 참기름, 다진 마늘 , 다진 생강, 설탕, 후추를 넣고 섞습니다. 따로.
b) 큰 프라이팬에 식물성 기름을 데우거나 냄비를 중간 정도 센 불로 가열합니다.
c) 프라이팬에 다진 돼지고기를 넣고 갈색이 될 때까지 요리합니다.
d) 프라이팬에 얇게 썬 오이피클을 넣고 2분 정도 볶습니다.
e) 소스 혼합물을 돼지고기와 오이 위에 붓습니다. 잘 섞이도록 저어주세요.
f) 맛이 잘 섞일 때까지 2~3분 더 조리하세요.
g) 다진 파로 장식합니다.
h) 대만식 다진 돼지고기와 절인 오이를 따뜻한 밥과 함께 즐겨보세요.

63.대만 식 조림 돼지 고기밥

재료:

- 얇게 썬 삼겹살 1 파운드
- 간장 1/4컵
- 진간장 1/4컵
- 막걸리 1/4컵
- 설탕 2테이블스푼
- 다진 마늘 2쪽
- 2 스타 아니스
- 계피 스틱 1개
- 물 1컵
- 지은 자스민 쌀 4컵
- 완숙 계란(선택사항)
- 절인 머스타드 그린(선택 사항)
- 다진 파 (장식용)

지침:

a) 팬에 삼겹살 조각을 겉이 바삭해질 때까지 굽습니다. 제거하고 따로 보관하십시오.
b) 같은 팬에 다진 마늘을 넣고 향이 날 때까지 볶습니다.
c) 팬에 간장, 진간장, 막걸리, 설탕, 스타 아니스, 계피 스틱, 물을 추가합니다. 섞어서 섞으세요.
d) 갈색으로 변한 삼겹살 조각을 팬에 다시 넣고 혼합물을 끓입니다.
e) 팬을 덮고 돼지고기를 소스에 넣고 부드러워지고 소스가 걸쭉해질 때까지 약 1~2시간 동안 끓입니다.
f) 서빙하려면 밥 한 숟갈을 그릇이나 접시에 담으세요.
g) 밥 위에 삼겹살 조림을 얹고 소스를 숟가락으로 얹어주세요.
h) 다진 파로 장식합니다.
i) Lu Rou Fan을 뜨겁게 서빙하고, 완숙 계란과 절인 겨자잎을 추가 토핑으로 포함할 수도 있습니다.

64.대만 식 참기름 치킨 스튜

재료:

- 닭고기 조각 900g(2 파운드)(뼈와 껍질 포함)
- 참기름 3큰술
- 간장 3큰술
- 막걸리 3큰술
- 설탕 1테이블스푼
- 다진 마늘 3쪽
- 얇게 썬 생강 1인치 조각
- 닭육수 2컵
- 옥수수 전분 1테이블스푼(선택사항, 걸쭉하게 만드는 용도)
- 다진 파(장식용)

지침:

a) 큰 냄비나 더치 오븐에 참기름을 넣고 중간 불로 가열합니다 .

b) 다진마늘과 썰어둔 생강을 넣어줍니다. 향이 날 때까지 약 1 분간 볶습니다.

c) 냄비에 닭고기 조각을 넣고 모든 면을 갈색으로 굽습니다.

d) 작은 그릇에 간장, 막걸리, 설탕을 섞습니다. 이 혼합물을 닭고기 위에 붓습니다.

e) 냄비에 닭육수를 넣고 뚜껑을 덮은 뒤 닭이 완전히 익고 부드러워질 때까지 30~40분 정도 끓입니다.

f) 원하는 경우 옥수수 전분을 약간의 물과 섞어 슬러리를 만든 후 스튜에 추가하여 소스를 걸쭉하게 만듭니다. 잘 섞이도록 저어주세요.

g) 참기름닭볶음탕을 뜨겁게 끓여 잘게 썬 파를 얹고 밥과 함께 드세요.

65.대만 식 만두

재료:

- 만두피 1팩
- 1/2 파운드 (225g)
- 잘게 썬 배추 1/2컵
- 잘게 다진 파 1/4컵
- 다진 생강 1테이블스푼
- 간장 2테이블스푼
- 참기름 1테이블스푼
- 설탕 1티스푼
- 소금 1/2티스푼
- 흑후추 1/4티스푼

지침:

a) 믹싱볼에 다진 돼지고기, 배추, 파, 생강, 간장, 참기름, 설탕, 소금, 후추를 넣고 섞습니다. 모든 재료가 균일하게 섞일 때까지 잘 섞으세요.

b) 만두피를 꺼내서 돼지고기 소를 한 숟가락씩 가운데 올려주세요.

c) 손가락을 물에 담그고 포장지 가장자리를 적십니다.

d) 포장지를 반으로 접고 가장자리를 함께 눌러 밀봉하여 반달 모양을 만듭니다.

e) 남은 만두피를 채우고 채우는 과정을 반복하세요.

f) 큰 냄비에 물을 끓입니다. 끓는 물에 만두를 넣고 표면에 떠오를 때까지 5~7분 정도 삶아줍니다.

g) 만두의 물기를 빼고 간장이나 좋아하는 디핑 소스와 함께 따뜻하게 드세요.

66.대만식 3컵 치킨

재료:

- 한 입 크기로 자른 닭고기 1 파운드 (450g)
- 참기름 1/4컵
- 간장 1/4컵
- 막걸리 1/4컵
- 설탕 1테이블스푼
- 다진 마늘 5쪽
- 다진 생강 1인치 조각
- 신선한 바질 잎 2테이블스푼

지침:

a) 냄비나 큰 팬에 참기름을 두르고 중간 불로 가열합니다.
b) 다진 마늘과 생강을 넣고 향이 날 때까지 약 1분간 볶습니다.
c) 냄비에 닭고기 조각을 넣고 모든 면이 갈색이 될 때까지 요리합니다.
d) 작은 그릇에 간장, 막걸리, 설탕을 섞습니다. 이 혼합물을 닭고기 위에 붓습니다.
e) 불을 약하게 줄이고 소스가 걸쭉해지고 닭고기가 완전히 익을 때까지 닭고기를 약 20-25분 동안 끓입니다.
f) 신선한 바질 잎을 넣고 잘 섞이도록 저어줍니다.
g) 3컵 치킨을 찐 쌀과 함께 드세요.

67.대만산 돼지고기 찹스

재료:

- 돼지갈비 4개
- 간장 2테이블스푼
- 막걸리 2큰술
- 설탕 1테이블스푼
- 다진 마늘 2쪽
- 오향분말 1/2티스푼
- 소금과 후추 맛
- 튀김용 식물성 기름

지침:

a) 그릇에 간장, 막걸리, 설탕, 다진 마늘, 오향가루, 소금, 후추를 넣고 섞습니다. 잘 섞어 매리네이드를 만들어주세요.

b) 얕은 접시에 돼지갈비를 놓고 그 위에 양념장을 부어주세요. 돼지갈비의 모든 면이 코팅되었는지 확인하세요. 최소한 30 분 동안 재워두세요.

c) 프라이팬이나 프라이팬에 식물성 기름을 넣고 중간 불로 가열합니다.

d) 절인 돼지갈비의 양면이 황금빛 갈색이 되고 완전히 익을 때까지 약 3~4분 동안 볶습니다.

e) 팬에서 돼지갈비를 꺼내 서빙 접시에 담습니다.

f) 대만식 돼지갈비를 찐 쌀과 함께 먹거나 대만식 샌드위치에 속을 채우세요.

68. 칠면조 쌀

재료:

- 얇게 썬 칠면조 가슴살 1 파운드
- 간장 1/4컵
- 굴소스 2테이블스푼
- 설탕 2테이블스푼
- 식물성 기름 2테이블스푼
- 다진 마늘 4쪽
- 지은 자스민 쌀 4컵
- 완숙 계란(선택사항)
- 절인 머스타드 그린(선택 사항)
- 다진 파 (장식용)

지침:

a) 그릇에 간장, 굴소스, 설탕을 넣고 섞습니다. 설탕이 녹을 때까지 저어줍니다.
b) 팬에 식물성 기름을 두르거나 중간 불로 가열합니다.
c) 팬에 다진 마늘을 넣고 향이 날 때까지 볶습니다.
d) 팬에 칠면조 가슴살 조각을 넣고 완전히 익을 때까지 볶습니다.
e) 팬에 있는 칠면조 조각 위에 소스 혼합물을 붓고 잘 섞이도록 저어줍니다.
f) 소스가 걸쭉해지고 칠면조에 코팅될 때까지 몇 분 더 계속 요리하세요.
g) 서빙하려면 밥 한 순갈을 그릇이나 접시에 담으세요.
h) 밥 위에 칠면조 조각을 얹고 그 위에 소스를 숟가락으로 얹습니다.
i) 다진 파로 장식합니다.
j) Hoe-Koe Bah-Pn□g / Huo Ji Rou Fan을 뜨겁게 서빙하고, 완숙 계란과 절인 겨자잎을 추가 토핑으로 포함할 수도 있습니다.

69.불꽃 구운 것 소고기 큐브

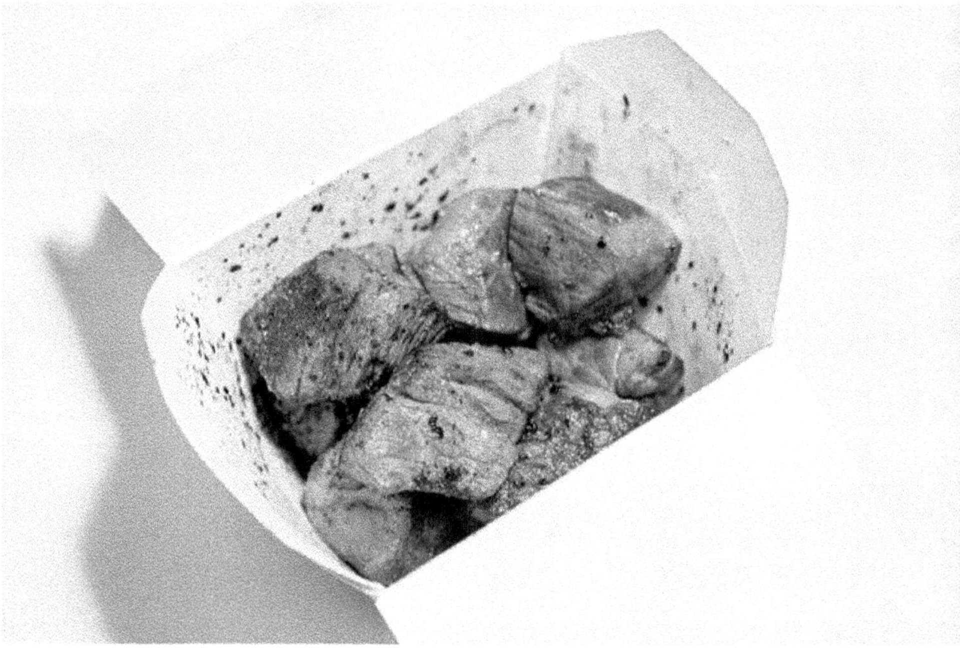

재료:

- 1 인치 큐브로 자른 쇠고기 등심 또는 립아이 1파운드
- 간장 2테이블스푼
- 굴소스 2테이블스푼
- 꿀 2테이블스푼
- 다진 마늘 2쪽
- 식물성 기름 1테이블스푼
- 소금과 후추 맛
- 꼬치

지침:

a) 그릇에 간장, 굴소스, 꿀, 다진 마늘, 식물성 기름, 소금, 후추를 넣고 섞어 양념장을 만듭니다.
b) 매리네이드에 쇠고기 큐브를 추가하고 균일하게 코팅되도록 버무립니다. 냉장고에 최소 30분에서 최대 하룻밤 동안 재워두세요.
c) 그릴이나 그릴 팬을 중간 정도 높은 불로 예열하세요.
d) 절인 쇠고기 큐브를 꼬치에 꽂습니다.
e) 원하는 정도로 익을 때까지 쇠고기 꼬치의 각 면을 약 2~3분 동안 굽습니다.
f) 그릴에서 꼬치를 꺼내서 서빙하기 전에 몇 분 동안 놓아두세요.
g) 뜨거운 불에 구운 쇠고기 큐브를 맛있는 길거리 음식 간식으로 제공하세요.

70.대만 식 조림 돼지 고기 덮밥

재료:

- 삼겹살 1lb (450g) 을 한입 크기로 자릅니다.
- 간장 3큰술
- 진간장 3테이블스푼
- 설탕 2테이블스푼
- 다진 마늘 2쪽
- 얇게 썬 생강 1인치 조각
- 2 스타 아니스
- 계피 스틱 1개
- 물 2컵
- 식물성 기름 2테이블스푼
- 밥, 서빙용
- 다진 파(장식용)

지침:

a) 그릇에 간장, 진간장, 설탕, 다진 마늘, 얇게 썬 생강, 스타 아니스, 계피 스틱, 물을 섞습니다. 잘 섞어서 조림 소스를 만들어주세요.
b) 큰 냄비나 더치 오븐에 식물성 기름을 넣고 중간 불로 가열합니다.
c) 냄비에 삼겹살 조각을 넣고 모든 면을 갈색으로 굽습니다.
d) 돼지고기 위에 양념장을 붓고 끓입니다.
e) 불을 낮추고 돼지고기를 뚜껑을 덮은 채 고기가 부드러워지고 향이 잘 스며들 때까지 약 1.5~2시간 동안 끓입니다.
f) 요리하는 동안 가끔 돼지고기를 저어주고 필요하면 물을 더 추가하여 건조를 방지하세요.
g) 돼지고기가 부드러워지면 뚜껑을 열고 소스가 걸쭉해질 때까지 약한 불에서 10~15분간 더 끓입니다.
h) 대만식 돼지고기 조림을 밥 위에 얹고 다진 파로 장식합니다.
i) 맛있고 편안한 밥 한 그릇을 즐겨보세요.

71. 대만 찹쌀 소시지

재료:

- 찹쌀(찹쌀) 2컵
- 중국 소시지 4개(랩청)
- 간장 2테이블스푼
- 굴소스 1테이블스푼
- 참기름 1테이블스푼
- 다진 마늘 2쪽
- 식물성 기름 1테이블스푼
- 다진 파 2개

지침:

a) 찹쌀을 헹구고 물에 최소 4 시간 또는 하룻밤 동안 담가두세요. 요리하기 전에 쌀을 배수하십시오.
b) 찜기에 찹쌀을 20~25분 정도 쪄서 부드러워지고 끈적해질 때까지 쪄주세요.
c) 밥이 끓는 동안 중국식 소시지를 삶아주세요. 냄비에 물을 넣고 끓입니다. 소시지를 넣고 10분간 끓입니다. 물에서 꺼내서 식혀주세요.
d) 소시지가 식으면 대각선으로 얇게 썰어주세요.
e) 별도의 팬에 식물성 기름을 넣고 중간 불로 가열합니다. 다진 마늘을 넣고 향이 날 때까지 볶습니다.
f) 팬에 찐 찹쌀을 넣고 몇 분간 볶습니다.
g) 팬에 간장, 굴소스, 참기름, 다진 파를 넣습니다. 밥이 코팅되도록 잘 섞어주세요.
h) 얇게 썬 소시지를 팬에 넣고 잘 섞일 때까지 2~3분간 더 볶습니다.
i) 대만식 찹쌀 소시지를 뜨겁게 드세요.

72. 치킨 까스

재료:

- 뼈와 껍질이 없는 닭가슴살 2개
- 다용도 밀가루 1컵
- 계란 2개, 풀어서 준비
- 판코 빵가루 2컵
- 소금과 후추 맛
- 튀김용 식물성 기름

지침:

a) 닭 가슴살을 플라스틱 랩 사이에 넣고 두께가 약 1/2인치가 될 때까지 고기 망치로 두드립니다.
b) 닭가슴살의 양면에 소금과 후추로 양념을 해주세요.
c) 세 개의 얕은 그릇으로 빵가루 만드는 스테이션을 설치하세요. 하나는 밀가루, 하나는 계란, 하나는 판코 빵가루입니다.
d) 각 닭 가슴살에 밀가루를 묻혀서 남은 부분을 털어냅니다.
e) 밀가루를 묻힌 닭고기를 풀어 놓은 계란에 담그고 남은 부분이 떨어지도록 합니다.
f) 닭고기에 판코 빵가루를 입히고 가볍게 눌러 접착시킵니다.
g) 큰 프라이팬에 식물성 기름을 넣고 중간 불로 가열합니다.
h) 치킨 커틀릿의 양면을 황금빛 갈색이 될 때까지 약 3-4분 동안 튀겨서 완전히 익습니다.
i) 팬에서 커틀릿을 꺼내 종이 타월을 깐 접시에 올려 여분의 기름을 빼냅니다.
j) 서빙하기 전에 치킨 커틀릿을 스트립이나 한입 크기로 자릅니다.

73.대만식 돼지고기 말린 고기

재료:

- 얇게 썬 돼지고기 어깨살 450g(1lb)
- 간장 1/4컵
- 진간장 2테이블스푼
- 막걸리 2큰술
- 설탕 2테이블스푼
- 다진 마늘 2쪽
- 오향분말 1티스푼
- 흑후추 1/2티스푼
- 튀김용 식물성 기름

지침:

a) 그릇에 간장, 진간장, 막걸리, 설탕, 다진 마늘, 오향가루, 후추를 넣고 섞습니다. 잘 섞어 매리네이드를 만들어주세요.
b) 얕은 접시에 돼지고기 조각을 놓고 그 위에 양념장을 붓습니다. 돼지고기의 모든 면이 코팅되었는지 확인하세요. 최소 2시간 동안 재워두세요. 가급적이면 밤새 냉장고에 넣어두세요.
c) 오븐을 325° F(165° C)로 예열하세요.
d) 매리네이드에서 돼지고기 조각을 제거하고 종이 타월로 두드려서 물기를 제거합니다.
e) 큰 프라이팬에 식물성 기름을 데우거나 냄비를 중간 정도 센 불로 가열합니다.
f) 절인 돼지고기를 양면이 바삭하고 갈색이 될 때까지 여러 번 볶습니다. 기름에서 제거하고 종이 타월로 물기를 빼냅니다.
g) 튀긴 돼지고기 조각을 베이킹 시트에 놓고 예열된 오븐에서 약 20~25분 동안 구워 완전히 익고 바삭바삭해집니다.
h) 오븐에서 꺼내 돼지고기 육포를 완전히 식혀주세요.
i) 대만식 돼지고기 육포를 간식이나 애피타이저로 제공하세요.

74.대만 롤 라이스

재료:

- 지은 잡곡밥 2컵
- 얇게 썬 단백질(돼지고기, 닭고기, 쇠고기, 두부) 1lb(450g)
- 간장 2테이블스푼
- 굴소스 1테이블스푼
- 참기름 1테이블스푼
- 식물성 기름 1테이블스푼
- 다진 마늘 4쪽
- 잘게 썬 양상추 또는 기타 잎채소 1컵
- 잘게 썬 당근 1컵
- 콩나물 1컵
- 잘게 썬 파 1/2컵
- 호이신 소스(서빙용)
- 스리라차 또는 칠리 소스(서빙용)

지침:

a) 그릇에 얇게 썬 단백질(돼지고기, 닭고기, 쇠고기, 두부)을 간장, 굴소스, 참기름으로 재워주세요. 최소 15분 동안 따로 놓아두세요.
b) 프라이팬에 식물성 기름을 데우거나 냄비를 중간 정도 높은 불로 가열합니다.
c) 프라이팬에 다진 마늘을 넣고 향이 날 때까지 약 1분간 볶습니다.
d) 절인 단백질을 프라이팬에 넣고 완전히 익고 약간 캐러멜화될 때까지 요리합니다.
e) 프라이팬에서 단백질을 제거하고 따로 보관하십시오.
f) 같은 프라이팬에 필요하면 기름을 조금 더 추가하고 잘게 썬 양상추, 잘게 썬 당근, 콩나물, 잘게 썬 파를 야채가 약간 익되 여전히 바삭해질 때까지 몇 분간 볶습니다.
g) 밥을 서빙 접시에 나누어 담으세요.
h) 밥 위에 볶은 야채와 단백질의 일부를 올려주세요.
i) 비닐랩이나 스시 매트를 사용하여 밥과 속재료를 단단히 말아주세요.
j) 비닐랩이나 스시 매트를 제거하고 대만식 롤 라이스에 호이신 소스와 스리라차 또는 칠리 소스를 곁들여 냅니다.

국수

75.대만 식 볶음밥 국수

재료:

- 건조 쌀국수(미펜) 8oz(225g)
- 식물성 기름 2테이블스푼
- 다진 마늘 2쪽
- 잘게 썬 양배추 1컵
- 콩나물 1컵
- 얇게 썬 당근 1/2컵
- 얇게 썬 녹색 피망 1/2컵
- 간장 2테이블스푼
- 굴소스 1테이블스푼
- 설탕 1/2티스푼
- 백후추 1/4티스푼
- 다진 파(장식용)

지침:

a) 포장에 적힌 설명대로 쌀국수를 삶아주세요. 배수하고 따로 보관하십시오.
b) 큰 냄비나 프라이팬에 식물성 기름을 넣고 중간 불로 가열합니다.
c) 다진 마늘을 넣고 향이 날 때까지 약 1분간 볶습니다.
d) 냄비에 채 썬 양배추, 콩나물, 얇게 썬 당근, 청피망을 넣습니다. 야채가 약간 부드러워질 때까지 약 2~3분 동안 볶습니다.
e) 야채를 냄비 한쪽으로 밀고 빈 면에 익은 쌀국수를 넣어주세요.
f) 작은 그릇에 간장, 굴소스, 설탕, 백후추를 넣고 섞습니다. 이 소스를 면 위에 부어주세요.
g) 국수가 소스로 잘 코팅되고 가열될 때까지 모든 것을 함께 2-3분 더 볶습니다.
h) 다진 파로 장식합니다.
i) 뜨거운 차오미펀(Tsao Mi Fun)을 메인 요리나 반찬으로 제공하세요.

76.단자이 국수

재료:

- 8온스 얇은 밀면(우동 이나 라면 등)
- 닭고기 육수 또는 야채 육수 4컵
- 콩나물 1컵
- 데친 채소 1컵(청경채 , 시금치 등)
- 다진 돼지고기 1/4컵을 삶아서 간장, 참기름으로 양념합니다
- 반으로 자른 완숙 계란 2개
- 간장, 식초, 고추기름, 다진 마늘(제공용)

지침:

a) 포장에 적힌 설명에 따라 국수를 요리하세요. 배수하고 따로 보관하십시오.

b) 냄비에 닭고기 육수나 야채 육수를 넣고 끓을 때까지 가열합니다.

c) 조리된 국수를 서빙 그릇에 나누어 담으세요.

d) 면 위에 뜨거운 국물을 부어주세요.

e) 국수 위에 콩나물, 데친 나물, 양념한 다진 돼지고기, 반숙 계란을 얹습니다.

f) Tà -Á- Mī를 간장, 식초, 고추기름, 다진 마늘과 함께 곁들여 보세요 . 원하는 양념을 섞어서 맛보세요.

77. 굴면

재료:

- 아 (얇은 밀 당면) 8온스
- 닭고기육수 또는 야채육수 2컵
- 껍질을 벗겨 물기를 뺀 굴 1컵
- 얇게 썬 돼지고기 또는 닭고기 1/4컵
- 다진 마늘 2쪽
- 간장 1테이블스푼
- 굴소스 1테이블스푼
- 참기름 1테이블스푼
- 다진 파 (장식용)

지침:

a) 포장에 적힌 설명에 따라 미수 아 국수를 삶아주세요. 배수하고 따로 보관하십시오.
b) 냄비에 닭고기 육수나 야채 육수를 넣고 끓을 때까지 가열합니다.
c) 별도의 팬에 기름을 약간 두르고 다진 마늘을 향이 날 때까지 볶습니다.
d) 팬에 얇게 썬 돼지고기나 닭고기를 넣고 완전히 익을 때까지 끓입니다.
e) 팬에 굴을 넣고 말리기 시작할 때까지 잠시 요리합니다.
f) 간장, 굴소스, 참기름을 넣고 섞습니다.
g) 익힌 미수 아 국수를 그릇에 나누어 담으세요.
h) 면 위에 뜨거운 국물을 부어주세요.
i) 국수 위에 굴과 고기 혼합물을 얹습니다.
j) 다진 파로 장식합니다.
k) Ô-Á Mī-Sòa를 풍미 가득한 굴 국수 요리로 뜨겁게 대접하세요.

78.대만 쇠고기 국수

재료:

- 8온스 밀면(우동 이나 라면 등)
- 얇게 썬 쇠고기 양지머리 또는 스튜 쇠고기 1 파운드
- 쇠고기육수 4컵
- 간장 2테이블스푼
- 굴소스 1테이블스푼
- 진간장 1테이블스푼
- 설탕 1테이블스푼
- 식물성 기름 1테이블스푼
- 다진 마늘 4쪽
- 다진 파 2개
- 소금과 후추 맛
- 절인 머스타드 그린(서빙용)

지침:

a) 포장에 적힌 설명에 따라 밀면을 요리하세요. 배수하고 따로 보관하십시오.
b) 냄비에 식물성 기름을 두르고 다진 마늘을 향이 날 때까지 볶습니다.
c) 냄비에 얇게 썬 쇠고기를 넣고 갈색이 될 때까지 끓입니다.
d) 간장, 굴소스, 진간장, 설탕, 소금, 후추를 넣고 섞습니다.
e) 쇠고기 육수를 붓고 끓입니다.
f) 쇠고기를 국물에 넣어 부드러워질 때까지 약 1~2시간 동안 요리합니다.
g) 익힌 밀면을 서빙 그릇에 나누어 담으세요.
h) 국수 위에 뜨거운 쇠고기 국물을 국자 위에 올리고 쇠고기 조각도 포함되도록 하세요.
i) 잘게 썬 파로 장식하고 절인 겨자잎을 곁들여 냅니다.

79.다진 것 돼지고기 국수

재료:

- 8온스 밀면(우동 이나 라면 등)
- 다진 돼지고기 1 파운드
- 간장 2테이블스푼
- 진간장 2테이블스푼
- 굴소스 2테이블스푼
- 설탕 1테이블스푼
- 식물성 기름 1테이블스푼
- 다진 마늘 4쪽
- 다진 파 2개
- 소금과 후추 맛

지침:

a) 포장에 적힌 설명에 따라 밀면을 요리하세요. 배수하고 따로 보관하십시오.
b) 팬에 식물성 기름을 두르고 다진 마늘을 향이 날 때까지 볶습니다.
c) 팬에 다진 돼지고기를 넣고 갈색이 될 때까지 끓입니다.
d) 간장, 진간장, 굴소스, 설탕, 소금, 후추를 넣고 섞습니다.
e) 완전히 가열될 때까지 돼지고기 혼합물을 몇 분 더 조리합니다.
f) 익힌 밀면을 서빙 그릇에 나누어 담으세요.
g) 국수 위에 다진 돼지고기 혼합물을 얹습니다.
h) 다진 파로 장식합니다.
i) 다진 돼지고기 국수를 맛있고 만족스러운 국수 요리로 뜨겁게 제공하세요.

80.참기름 닭고기 국수

재료:

- 8온스 밀면(우동 이나 라면 등)
- 뼈와 껍질이 없는 닭가슴살 2개를 얇게 썬 것
- 간장 2테이블스푼
- 참기름 1테이블스푼
- 쌀식초 1테이블스푼
- 설탕 1테이블스푼
- 식물성 기름 1테이블스푼
- 다진 마늘 4쪽
- 다진 파 2개
- 소금과 후추 맛

지침:

a) 포장에 적힌 설명에 따라 밀면을 요리하세요. 배수하고 따로 보관하십시오.

b) 그릇에 닭고기 조각을 간장, 참기름, 쌀식초, 설탕, 소금, 후추로 재워 약 15분 동안 재워둡니다.

c) 팬에 식물성 기름을 두르거나 중간 불로 가열합니다.

d) 다진 마늘을 향이 날 때까지 볶습니다.

e) 양념한 닭고기 조각을 팬에 넣고 완전히 익을 때까지 볶습니다.

f) 익힌 밀면을 서빙 그릇에 나누어 담으세요.

g) 면 위에 참기름치킨을 얹어주세요.

h) 다진 파로 장식합니다.

i) 참기름 닭고기 국수를 맛있고 향긋한 국수 요리로 따뜻하게 드세요.

수프와 육수

81.대만식 홈메이드 치킨 수프 스톡

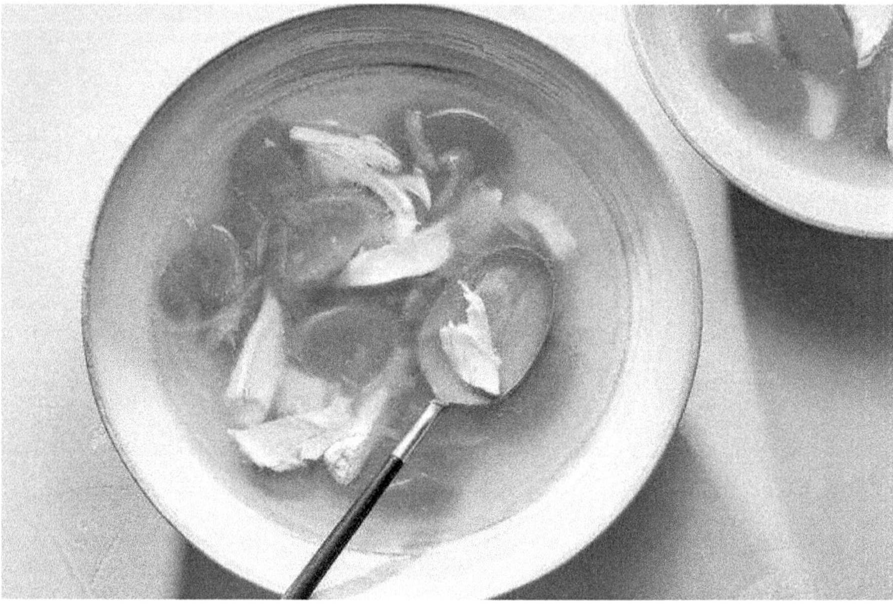

재료:

- 닭고기 1마리(약 1.8kg), 조각으로 자름
- 물 10컵
- 4등분한 양파 1개
- 마늘 4쪽
- 얇게 썬 생강 1인치 조각
- 다진 당근 2개
- 다진 셀러리 2줄기
- 간장 1테이블스푼
- 막걸리 1테이블스푼
- 소금과 후추 맛

지침:

a) 큰 냄비에 닭고기 조각, 물, 양파, 마늘, 생강, 당근, 셀러리, 간장, 막걸리를 섞습니다.

b) 혼합물을 고열로 끓입니다. 표면에 떠오르는 거품을 걷어냅니다.

c) 불을 약하게 낮추고 수프를 뚜껑을 덮고 끓이면서 맛이 깊어지고 닭고기가 부드러워질 때까지 약 2~3시간 동안 끓입니다.

d) 수프에서 닭고기 조각을 제거하고 육수를 걸러내어 고형물을 제거합니다.

e) 육수에 소금과 후추로 맛을 냅니다.

f) 익힌 닭고기를 잘게 찢거나 다진 후 원하는 경우 수프에 다시 추가하세요.

g) 대만식 홈메이드 치킨 수프 스톡을 따뜻하게 드셔보세요. 편안하고 영양이 풍부한 수프입니다.

82.대만 식 매운맛 쇠고기 국수 수프

재료:

- 한 입 크기로 자른 쇠고기 스튜 고기 450g(1lb)
- 쇠고기육수 8컵
- 물 2컵
- 다진 마늘 4쪽
- 얇게 썬 생강 1인치 조각
- 식물성 기름 2테이블스푼
- 고추장(두반장) 2큰술
- 간장 2테이블스푼
- 설탕 1테이블스푼
- 중국 청주(소흥주) 1큰술
- 오향분말 1티스푼
- 소금 맛
- 말린 밀 국수 8 온스 (225g)
- 청경채 또는 기타 잎채소, 잘게 썬 것
- 다진 파(장식용)
- 잘게 썬 신선한 고수(장식용)

지침:

a) 큰 냄비나 더치 오븐에 식물성 기름을 넣고 중간 불로 가열합니다.
b) 냄비에 다진 마늘, 얇게 썬 생강, 고추장을 넣습니다. 향이 날 때까지 약 1분간 볶습니다.
c) 냄비에 쇠고기 스튜 고기를 넣고 모든 면을 갈색으로 만듭니다.
d) 작은 그릇에 간장, 설탕, 막걸리, 오향가루, 소금을 넣고 섞습니다. 이 혼합물을 쇠고기 위에 붓습니다.
e) 냄비에 쇠고기 육수와 물을 넣습니다. 수프를 끓인 다음 불을 줄이고 쇠고기가 부드러워지고 풍미가 잘 섞일 때까지 약 1.5~2시간 동안 끓입니다.
f) 별도의 냄비에 밀면을 포장에 적힌 설명에 따라 삶아주세요. 배수하고 따로 보관하십시오.
g) 잘게 썬 청경채 나 잎채소를 수프에 넣고 부드러워질 때까지 3~5분 더 조리하세요.
h) 익힌 국수를 그릇에 나누어 담고 그 위에 매운 쇠고기 수프를 얹습니다.
i) 다진 파와 고수로 장식합니다.
j) 대만식 매콤한 우육면 수프를 뜨겁게 즐겨보세요!

83.대만 식 우육 면 수프

재료:

물 5컵
간장 1컵
포장된 연갈색 설탕 1/4컵
신선한 생강 2티스푼
파 1다발
으깬 마늘 3쪽
신선한 고수 줄기 10개
느슨하게 포장된 신선한 고수 1/2컵
별 아니스 4개
고춧가루 1/4작은술
2-1/2파운드 쇠고기 갈비
닭육수 2컵
중국 밀가루 국수 10온스
신선한 녹두 콩나물 1컵
신선한 고수 가지

지침:

5~6쿼트 냄비에 물을 끓입니다. 간장, 황설탕, 생강, 대파 흰부분, 마늘, 고수 줄기, 팔각, 고춧가루를 넣고 불을 줄여 뚜껑을 덮지 않고 10분간 끓입니다.
짧은 갈비를 추가하고 고기가 매우 부드러워질 때까지 뚜껑을 덮고 가끔 뒤집어 계속 끓입니다. 이 작업은 최대 2~1/2시간이 소요될 수 있습니다. 완료되면 고기를 요리용 액체에 넣고 뚜껑을 덮지 않은 채 1시간 동안 놓아두세요.
국물에서 고기를 꺼내어 결 방향으로 1/2인치 두께의 조각으로 자릅니다.
쇠고기 국물을 탈지하고 고형물을 버립니다. 닭육수와 고기를 넣고 국물을 적당히 약한 불로 다시 데워주세요.
끓는 물에 국수를 넣고 부드러워질 때까지 삶은 후 물기를 빼고 국물에 넣습니다.
대파의 푸른 부분, 고수 가지, 녹두 콩나물을 올려 장식합니다.

84.대만 고기 국

재료:

- 얇게 썬 돼지고기 또는 쇠고기 1 파운드 (450g)
- 쇠고기육수 또는 야채육수 4컵
- 다진 마늘 2쪽
- 얇게 썬 생강 1인치 조각
- 다진 파 2개
- 얇게 썬 배추 1컵
- 콩나물 1컵
- 얇게 썬 버섯 1/2컵
- 간장 2테이블스푼
- 굴소스 1테이블스푼
- 참기름 1테이블스푼
- 소금과 후추 맛

지침:

a) 큰 냄비에 쇠고기육수나 야채육수를 넣고 끓입니다.
b) 냄비에 다진 마늘, 얇게 썬 생강, 다진 파를 넣습니다.
c) 냄비에 얇게 썬 돼지고기나 쇠고기를 넣고 핑크색이 없어질 때까지 1~2분 정도 끓입니다.
d) 냄비에 배추, 콩나물, 얇게 썬 버섯을 넣습니다. 야채가 살짝 부드러워질 때까지 2~3분 더 조리하세요.
e) 작은 그릇에 간장, 굴소스, 참기름, 소금, 후추를 넣고 섞습니다. 이 소스를 냄비에 붓고 잘 섞이도록 저어주세요.
f) 맛이 잘 섞이도록 수프를 5분 더 끓입니다.
g) 대만식 고기 수프를 풍성하고 맛있는 식사로 즐겨보세요.

85.대만 하카 스타일 납작 쌀국수

재료:

- 8온스(225g) 납작 쌀국수(호르 펀)
- 450g (1lb)
- 다진 마늘 2쪽
- 식물성 기름 1테이블스푼
- 닭육수 4컵
- 얇게 썬 배추 1컵
- 콩나물 1컵
- 간장 1/4컵
- 굴소스 2테이블스푼
- 참기름 1테이블스푼
- 흰 후추 1/2작은술
- 다진 파(장식용)

지침:

a) 포장에 적힌 설명에 따라 납작한 쌀국수를 삶아주세요. 배수하고 따로 보관하십시오.

b) 큰 냄비나 더치 오븐에 식물성 기름을 넣고 중간 불로 가열합니다.

c) 다진 마늘을 넣고 향이 날 때까지 약 1분간 볶습니다.

d) 냄비에 다진 돼지고기를 넣고 갈색이 될 때까지 요리합니다.

e) 닭육수를 붓고 끓입니다.

f) 냄비에 배추와 콩나물을 넣습니다. 야채가 약간 부드러워질 때까지 약 2~3분 동안 조리합니다.

g) 작은 그릇에 간장, 굴소스, 참기름, 백후추를 넣고 섞습니다. 이 소스를 냄비에 붓고 잘 섞이도록 저어주세요.

h) 불을 약하게 낮추고 맛이 섞일 수 있도록 수프를 5분 더 끓입니다.

i) 완성된 쌀국수를 그릇에 나누어 담고 그 위에 국물을 국자로 담아냅니다.

j) 다진 파로 장식합니다.

k) 대만식 하카 스타일 납작 쌀국수를 뜨겁게 드셔보세요!

86.대만 참기름 닭고기 수프

재료:

- 닭고기 1마리(약 1.8kg) , 조각으로 자름
- 물 8컵
- 참기름 2큰술
- 간장 2테이블스푼
- 막걸리 1테이블스푼
- 얇게 썬 생강 1테이블스푼
- 다진 마늘 2쪽
- 소금과 후추 맛
- 다진 파(장식용)

지침:

a) 큰 냄비에 닭고기 조각, 물, 참기름, 간장, 막걸리, 생강, 마늘을 섞습니다.

b) 혼합물을 고열로 끓입니다. 표면에 떠오르는 거품을 걷어냅니다.

c) 불을 약하게 낮추고 닭고기가 부드러워지고 풍미가 깊어질 때까지 수프를 덮고 약 1.5~2시간 동안 끓입니다.

d) 수프에서 닭고기 조각을 제거하고 고기를 잘게 자릅니다. 뼈를 버리십시오.

e) 잘게 썬 닭고기를 수프에 다시 넣고 소금과 후추로 맛을 냅니다.

f) 잘게 썬 파를 곁들인 대만식 참기름 닭고기 수프를 뜨겁게 서빙하세요.

87.대만 순무 케이크 수프

재료:

순무 케이크:

- 쌀가루 2컵
- 물 2컵
- 잘게 썬 순무(무) 2컵
- 1/4 컵 말린 새우, 불려서 다진 것
- 불려서 잘게 썬 말린 버섯 1/4컵
- 다진 샬롯 2테이블스푼
- 식물성 기름 2테이블스푼
- 간장 2테이블스푼
- 소금 1티스푼
- 흰 후추 1/2작은술

수프:

- 닭육수 4컵
- 물 2컵
- 다진 파 2개
- 소금과 후추 맛

지침:

순무 케이크:

a) 믹싱볼에 쌀가루와 물을 섞습니다. 혼합물이 부드러워지고 덩어리가 없어질 때까지 잘 저어줍니다.

b) 큰 팬에 식물성 기름을 데우거나 냄비를 중간 불로 가열합니다.

c) 다진 샬롯, 말린 새우, 말린 버섯을 팬에 넣습니다. 향이 날 때까지 약 2분간 볶습니다.

d) 잘게 썬 순무를 팬에 넣고 순무가 약간 부드러워질 때까지 2~3분 더 볶습니다.

e) 찹쌀가루 혼합물을 팬에 붓고 덩어리가 생기지 않도록 계속 저어줍니다.

f) 팬에 간장, 소금, 흰 후추를 추가합니다. 모든 재료가 잘 섞이도록 잘 저어주세요.

g) 혼합물이 걸쭉해지고 끈끈한 농도가 될 때까지 계속 저으면서 중간 불로 조리합니다.

h) 정사각형 또는 원형 케이크 팬에 기름을 바르고 순무 케이크 혼합물을 붓습니다. 표면을 부드럽게 합니다.

i) 순무 케이크가 단단해지고 완전히 익을 때까지 약 45-50분 동안 센 불로 쪄주세요.
j) 찜기에서 순무케이크를 꺼내어 완전히 식혀주세요.
k) 식힌 후 팬에서 순무 케이크를 꺼내 원하는 조각으로 자릅니다.

수프:

l) 큰 냄비에 닭고기 국물, 물, 다진 파를 섞습니다. 혼합물을 끓이십시오.
m) 얇게 썬 순무 케이크를 냄비에 넣고 약 5분간 끓여서 가열하세요.
n) 수프에 소금과 후추로 맛을 냅니다.
o) 대만식 순무 케이크 수프를 편안하고 풍미 가득한 요리로 즐겨보세요.

사이드 및 양념

88.대만 양배추 볶음

재료:

- 잘게 썬 양배추 작은 머리 1개
- 식물성 기름 2테이블스푼
- 다진 마늘 2쪽
- 간장 1테이블스푼
- 설탕 1티스푼
- 소금 1/2티스푼
- 흑후추 1/4티스푼

지침:

a) 큰 냄비나 프라이팬에 식물성 기름을 넣고 중간 불로 가열합니다.
b) 다진 마늘을 넣고 향이 날 때까지 약 1분간 볶습니다.
c) 잘게 썬 양배추를 냄비에 넣고 부드러워질 때까지 약 3~4분 동안 볶습니다.
d) 작은 그릇에 간장, 설탕, 소금, 후추를 섞습니다. 이 소스를 양배추 위에 부어주세요.
e) 양배추가 원하는 질감으로 익을 때까지 2~3분 더 계속 볶습니다.
f) 볶은 대만 양배추를 뜨겁게 반찬으로 먹거나 밥과 함께 드세요.

89.완두콩 탑

재료:

- 냉동 완두콩 1컵
- 잘게 다진 작은 양파 1개
- 다진 마늘 2쪽
- 생강 페이스트 1티스푼
- 잘게 다진 녹색 고추 1개(선택 사항)
- 식물성 기름 1테이블스푼
- 커민씨 1티스푼
- 강황가루 1티스푼
- 고수 가루 1티스푼
- 소금 맛
- 장식용 신선한 고수풀 잎

지침:

a) 팬에 식물성 기름을 넣고 중간 불로 가열합니다.
b) 커민씨를 넣고 몇 초간 지글지글 끓이세요.
c) 다진 양파, 다진 마늘, 생강 페이스트, 녹색 고추(사용하는 경우)를 추가합니다. 양파가 반투명해질 때까지 볶습니다.
d) 심황 가루와 고수 가루를 첨가합니다. 잘 섞이도록 저어주세요.
e) 냉동 완두콩을 팬에 넣고 향신료 혼합물과 잘 섞습니다.
f) 완두콩이 부드러워질 때까지 가끔씩 저어주면서 약 5~7분간 조리합니다.
g) 입맛에 맞게 소금으로 간을 하고 마지막으로 저어주세요.
h) 신선한 고수잎으로 장식합니다.
i) 뜨겁게 반찬으로 드시거나 밥이나 로티와 함께 드세요.

90.대만 피클

재료:

- 얇게 썬 오이 2개
- 얇게 썬 당근 1개
- 얇게 썬 무 1/2개
- 다진 마늘 2쪽
- 설탕 1테이블스푼
- 소금 1테이블스푼
- 쌀식초 1/4컵
- 참기름 1티스푼
- 고춧가루 1/2작은술(선택사항)

지침:

a) 믹싱볼에 얇게 썬 오이, 당근, 무를 섞습니다.

b) 야채 위에 소금을 뿌리고 잘 섞는다. 과도한 수분을 빼내기 위해 약 15분 동안 그대로 놓아두세요.

c) 15분 후 야채를 짜서 여분의 물을 제거합니다.

d) 작은 그릇에 다진 마늘, 설탕, 쌀식초, 참기름, 고춧가루(사용하는 경우)를 함께 섞습니다.

e) 혼합물을 야채 위에 붓고 잘 버무려 코팅됩니다.

f) 피클을 깨끗한 병이나 뚜껑이 꼭 맞는 용기에 옮깁니다.

g) 피클을 서빙하기 최소 2시간 전에 냉장고에 재워두세요.

h) 이제 대만 피클을 상큼한 반찬이나 조미료로 즐길 준비가 되었습니다.

91. 볶은 것 샬롯

재료:

- 얇게 썬 샬롯 6개
- 튀김용 식물성 기름

지침:

a) 깊은 팬이나 냄비에 식물성 기름을 데우세요.
b) 얇게 썬 샬롯을 뜨거운 기름에 넣고 황금빛 갈색이 되고 바삭해질 때까지 볶습니다.
c) 구멍이 있는 스푼을 사용하여 튀긴 샬롯을 기름에서 제거하고 종이 타월을 깐 접시에 물기를 뺍니다.
d) 튀긴 샬롯을 접시 위에 뿌려서 맛있는 장식으로 사용하거나 조미료로 사용하세요.

92. 절인 머스타드 그린

재료:

- 잘게 썬 겨자잎 1 파운드
- 소금 2테이블스푼
- 설탕 2테이블스푼
- 다진 마늘 2쪽
- 쌀식초 1테이블스푼

지침:

a) 그릇에 잘게 썬 겨자잎, 소금, 설탕을 섞습니다. 잘 섞다.
b) 소금과 설탕이 겨자잎에서 수분을 빼낼 수 있도록 혼합물을 약 30분 동안 그대로 놓아두세요.
c) 겨자잎을 찬물에 완전히 헹구어 과도한 소금을 제거하십시오 .
d) 겨자잎에 남아있는 수분을 짜내고 깨끗한 용기에 담습니다.
e) 용기에 다진마늘과 쌀식초를 넣고 잘 섞어주세요.
f) 용기를 덮고 절인 겨자잎을 냉장고에 최소 1일 동안 담가두었다가 사용하세요.
g) 절인 머스타드 그린을 톡 쏘고 바삭바삭한 반찬으로 제공하거나 조미료로 사용하세요.

93.칠리 오일 소스

재료:

- 식물성 기름 1/4컵
- 칠리 플레이크 2테이블스푼
- 간장 1테이블스푼
- 참기름 1테이블스푼
- 설탕 1티스푼
- 소금 1/2티스푼
- 사천 후추 열매 1/2작은술(선택 사항)

지침:

a) 작은 냄비에 식물성 기름을 넣고 중간 불로 가열합니다.
b) 뜨거운 기름에 칠리 플레이크와 사천 후추 열매(사용하는 경우)를 추가합니다. 기름에서 향이 날 때까지 몇 분간 요리하세요.
c) 냄비를 불에서 내리고 칠리 플레이크와 통후추를 기름에 약 10분 동안 담가둡니다.
d) 간장, 참기름, 설탕, 소금을 넣고 섞습니다.
e) 칠리 오일 소스를 병에 옮기고 식힌 후 사용하세요.
f) 국수, 만두 또는 기타 요리에 매콤하고 풍미 가득한 양념으로 칠리 오일 소스를 제공하세요.

94.스위트 칠리 소스

재료:

- 설탕 1/2컵
- 쌀식초 1/4컵
- 물 1/4컵
- 다진 마늘 2쪽
- 칠리 플레이크 1테이블스푼
- 옥수수 전분 1티스푼
- 물 1테이블스푼

지침:

a) 작은 냄비에 설탕, 쌀 식초, 물, 다진 마늘, 칠리 플레이크를 섞습니다. 혼합물을 중간 불로 끓입니다.

b) 별도의 그릇에 옥수수 전분을 물 1 테이블스푼에 녹여 슬러리를 만듭니다.

c) 옥수수 전분 슬러리를 끓는 소스에 섞습니다. 소스가 걸쭉해질 때까지 1분 더 조리하세요.

d) 냄비를 불에서 내리고 스위트 칠리 소스를 식힌 후 사용하세요.

e) 달콤한 칠리 소스를 다양한 대만 요리에 톡 쏘는 맛과 약간 매운 양념으로 사용하거나 디핑 소스로 사용하세요.

디저트

95.대만 스펀지 케이크

재료:

- 계란 6개
- 다용도 밀가루 1컵
- 설탕 1컵
- 베이킹파우더 1티스푼
- 우유 1/4컵
- 식물성 기름 1/4컵
- 바닐라 추출물 1티스푼

지침:

a) 오븐을 350° F(175° C)로 예열하세요.
b) 달걀 노른자와 흰자를 두 개의 믹싱볼에 분리합니다.
c) 달걀 노른자가 담긴 그릇에 설탕과 바닐라 추출액을 넣습니다. 혼합물이 창백하고 크림색이 될 때까지 치십시오.
d) 별도의 그릇에 다용도 밀가루와 베이킹 파우더를 함께 체로 치세요.
e) 체로 쳐진 밀가루 혼합물을 계란 노른자 혼합물에 점차적으로 첨가하고, 우유와 식물성 기름을 번갈아 첨가합니다. 잘 섞일 때까지 섞는다.
f) 달걀 흰자가 담긴 그릇에 뻣뻣한 봉우리가 생길 때까지 치십시오.
g) 풀어놓은 달걀 흰자를 반죽에 부드럽게 섞어서 너무 많이 섞지 않도록 주의하세요.
h) 반죽을 기름칠하고 줄을 댄 케이크 팬에 붓습니다.
i) 예열된 오븐에 약 30~35분간 굽거나, 중앙에 이쑤시개를 꽂아 묻어나오지 않을 때까지 굽습니다.
j) 오븐에서 케이크를 꺼내 팬에 넣어 몇 분간 식혀주세요. 그런 다음 와이어 랙으로 옮겨 완전히 식혀주세요.
k) 식힌 후 대만식 스펀지 케이크를 썰어서 드세요.

96.대만 파인애플 케이크

재료:

파인애플 필링의 경우:

- 잘게 다진 신선한 파인애플 2컵
- 설탕 1/2컵
- 레몬즙 1테이블스푼

페이스트리:

- 다용도 밀가루 2컵
- 가루 설탕 1/2컵
- 부드러워진 무염 버터 1컵
- 달걀 노른자 1개
- 우유 1테이블스푼

지침:

파인애플 필링의 경우:

a) 냄비에 다진 파인애플, 설탕, 레몬즙을 섞습니다.
b) 혼합물이 걸쭉해지고 액체가 증발할 때까지 자주 저으면서 약한 불로 약 30~40분간 조리합니다.
c) 불을 끄고 파인애플 필링을 완전히 식혀주세요.

페이스트리:

d) 믹싱볼에 다용도 밀가루와 슈가파우더를 섞습니다.
e) 부드러워진 버터를 넣고 혼합물이 거친 부스러기와 비슷해질 때까지 섞습니다.
f) 달걀 노른자와 우유를 첨가합니다. 반죽이 뭉칠 때까지 섞는다.
g) 반죽을 작은 부분으로 나누고 각 부분을 둥근 디스크로 편평하게 만듭니다.
h) 각 반죽 디스크의 중앙에 파인애플 충전물 약 1테이블스푼을 숟니다.
i) 충전재 위에 반죽의 가장자리를 접고 서로 꼬집어 밀봉합니다.
j) 양피지가 깔린 베이킹 시트에 채워진 페이스트리를 놓습니다 .
k) 오븐을 350° F(175° C)로 예열하세요.
l) 예열된 오븐에서 파인애플 케이크를 약 20-25분 동안 또는 황금빛 갈색이 될 때까지 굽습니다.
m) 오븐에서 꺼내어 와이어 랙에서 식혀주세요.
n) 대만식 파인애플 케이크를 맛있는 간식으로 즐겨보세요.

97.대만 어묵

재료:

- 1 파운드 (대구 또는 가자미 등)
- 옥수수 전분 1/4컵
- 다용도 밀가루 1/4컵
- 잘게 다진 파 2개
- 간장 2테이블스푼
- 굴소스 1테이블스푼
- 참기름 1테이블스푼
- 흰 후추 1/2작은술
- 소금 1/4티스푼
- 튀김용 식물성 기름

지침:

a) 푸드 프로세서에서 생선 필레를 잘게 다질 때까지 펄스를 사용합니다.

b) 믹싱볼에 다진 생선, 옥수수 전분, 밀가루, 파, 간장, 굴소스, 참기름, 백후추, 소금을 넣고 섞습니다. 잘 섞어서 매끄러운 혼합물을 만듭니다.

c) 프라이팬에 식물성 기름을 데우거나 중간 불로 웍을 볶습니다.

d) 생선 혼합물의 작은 부분을 가져다가 둥근 패티 모양으로 만듭니다.

e) 생선 패티를 뜨거운 기름에 조심스럽게 떨어뜨린 후 양면이 황금빛 갈색이 되고 바삭바삭해질 때까지 볶습니다.

f) 구멍이 있는 스푼을 사용하여 어묵의 기름을 제거하고 종이 타월을 깐 접시에 담아 물기를 뺍니다.

g) 인기 있는 대만 길거리 음식 스낵인 티안부라(Tian Bu La)를 즐겨보세요.

98.튀김 우유

재료:

- 전유 2컵
- 다용도 밀가루 1/2컵
- 옥수수 전분 1/2컵
- 설탕 1/4컵
- 튀김용 식물성 기름
- 먼지 제거용 가루 설탕

지침:

a) 냄비에 우유를 넣고 끓기 시작할 때까지 중간 불로 가열합니다.
b) 믹싱볼에 밀가루, 옥수수 전분, 설탕을 넣고 섞습니다.
c) 뜨거운 우유를 밀가루 혼합물에 점차적으로 첨가하고 덩어리가 생기지 않도록 계속 저어줍니다.
d) 혼합물을 냄비에 다시 넣고 약한 불로 조리하면서 농도가 걸쭉해지고 부드러운 커스터드 같은 농도가 될 때까지 계속 저어줍니다.
e) 혼합물을 기름칠된 정사각형 또는 직사각형 베이킹 접시에 붓고 표면을 매끄럽게 만듭니다.
f) 혼합물을 실온으로 식힌 후 최소 2시간 동안 또는 단단해질 때까지 냉장 보관하세요.
g) 식힌 우유 커스터드를 작은 입방체로 자릅니다.
h) 튀김을 위해 깊은 팬이나 냄비에 식물성 기름을 데우십시오.
i) 우유 커스터드 큐브를 추가 밀가루 한 그릇에 담그고 가볍게 코팅합니다.
j) 코팅된 커스터드 큐브를 뜨거운 기름에 조심스럽게 떨어뜨리고 겉이 황금빛 갈색이 되고 바삭해질 때까지 볶습니다.
k) 구멍이 있는 스푼을 사용하여 기름에서 튀긴 우유 큐브를 제거하고 종이 타월을 깐 접시에 물기를 뺍니다.
l) 서빙하기 전에 Zha Niu Nai에 가루 설탕을 뿌리세요.

99.땅콩 아이스크림 롤

재료:

- 흰빵 4조각
- 좋아하는 아이스크림 4스쿱(땅콩맛이 잘 어울림)
- 으깬 볶은 땅콩
- 가당 연유(선택 사항)

지침:

a) 빵 조각에서 껍질을 잘라냅니다.
b) 밀대를 사용하여 빵 조각을 편평하게 만듭니다.
c) 편평한 빵 조각에 아이스크림 한 스쿱을 올리고 고르게 펴주세요.
d) 각 빵 조각을 아이스크림 주위에 단단히 감습니다.
e) 빵과 아이스크림롤에 으깬 볶은 땅콩을 굴려 코팅합니다.
f) 선택 사항: 단맛을 더하기 위해 연유를 위에 뿌립니다.
g) 롤을 냉동실에 최소 1시간 동안 넣어 굳힙니다.
h) 냉동실에서 꺼내어 원할 경우 더 작은 조각으로 썰어 차갑게 드세요.

100.망고 면도 얼음

재료:

- 잘 익은 망고 2개
- 빙수 2컵
- 가당 연유 1/4컵
- 망고 시럽(또는 단순 시럽) 1/4컵
- 원하는 토핑 (예: 떡, 코코넛 젤리, 타피오카 펄)

지침:

a) 망고 한 개를 껍질을 벗기고 깍둑썰기하세요. 깍둑썰기한 망고를 블렌더나 푸드 프로세서에 넣고 부드러워질 때까지 퓌레로 만듭니다.
b) 서빙 그릇에 빙수를 겹겹이 쌓습니다.
c) 빙수 위에 연유와 망고시럽(또는 슈가시럽)을 뿌려주세요.
d) 그 위에 망고 퓨레를 부어주세요.
e) 남은 망고를 껍질을 벗기고 자릅니다. 빙수 위에 망고 조각을 올려주세요.
f) 떡, 코코넛 젤리, 타피오카 펄 등 원하는 토핑을 추가하세요.
g) 바로 서빙하여 상큼한 망고빙수를 즐겨보세요!

결론

이 맛있는 여행을 마무리하면서, "야시장의 맛: 대만 길거리 음식 요리책"이 여러분을 대만의 번화한 거리로 안내하고 활기찬 길거리 음식 문화의 정수를 포착하셨기를 바랍니다. 대만 길거리 음식은 단순한 요리 경험 그 이상입니다. 이는 공동체, 전통, 그리고 맛있는 음식을 나누는 기쁨을 축하하는 것입니다.

이 요리책에 공유된 요리법과 기술을 통해 여러분의 주방에서 대만 길거리 음식의 진정한 맛을 재현할 수 있는 자신감과 영감을 얻으셨기를 바랍니다. 대만 여행을 추억하든, 새로운 맛을 탐험하든, 아니면 단순히 대만의 맛을 식탁에 가져오고 싶든 간에, 여러분의 요리 모험이 야시장의 생생한 맛과 향기로 가득 차기를 바랍니다.

따라서 대만 길거리 음식 여행을 시작하면서 "야시장의 맛"이 믿을 수 있는 동반자가 되어 정통 요리법, 유용한 팁 및 요리 탐구 감각을 제공하게 하십시오. 대만 길거리 음식을 정의하는 다양한 맛, 생동감 넘치는 색상, 생동감 넘치는 분위기를 포용하고, 여러분이 만드는 각 요리가 야시장의 즐거움과 즐거움을 식탁에 가져오도록 하세요.

여러분의 주방이 대만 길거리 음식의 감미로운 향기, 지글지글 구워지는 그릴, 함께 나누는 식사의 웃음과 따뜻함으로 가득 차기를 바랍니다. 즐거운 요리를 즐기시고, 여러분의 창작 요리를 통해 대만 야시장의 번화한 거리로 돌아가시기 바랍니다!

Milton Keynes UK
Ingram Content Group UK Ltd.
UKHW020804241123
433194UK00016B/982

9 781835 831977